Susanne Heermann

Fünf Jahre Abu Dhabi

Leben, lieben, laborieren
im
Auslandsschuldienst

Copyright: © 2016 Susanne Heermann
Lektorat: Erik Kinting – www.buchlektorat.net
Umschlaggestaltung & Satz: Erik Kinting

Verlag: tredition GmbH, Hamburg
Printed in Germany

Das Werk, einschließlich seiner Teile, ist urheberrechtlich geschützt. Jede Verwertung ist ohne Zustimmung des Verlages und des Autors unzulässig. Dies gilt insbesondere für die elektronische oder sonstige Vervielfältigung, Übersetzung, Verbreitung und öffentliche Zugänglichmachung.

Bibliografische Information der Deutschen Nationalbibliothek:
Die Deutsche Nationalbibliothek verzeichnet diese Publikation in der Deutschen Nationalbibliografie; detaillierte bibliografische Daten sind im Internet über http://dnb.d-nb.de abrufbar.

Für meinen Sonnenschein Matilda Sophia –
mit ihrem großen Herzen und ihrer Gabe zum Verzeihen.

Inhaltsverzeichnis

Hinlegen und Fresse halten 7

Kinderbonus bei Behördengängen 17

Abu Dhabi – Vater der Gazelle 31

Stimmt die Note, stimmt die Chemie 49

Unter freiem Himmel 87

Fünf-Sterne-Suiten und Behandlung für Familienmitglieder 95

Wüstenschiffe unterwegs 101

Spätzle gibt es auch am Golf 107

Feilschen um jeden Preis 113

Nadelstiche und Wohlfühloasen 117

Zusammenhalt ist alles 129

Macht hoch die Tür, die Tor' macht weit 135

… und geblieben ist … 141

Glossar 149

Hinlegen und Fresse halten

»Stellen Sie sich einen Urwald in Südamerika vor: schmale Straße, gesäumt von dichtem Buschwerk und hohen Bäumen. Es dunkelt bereits. Im Zwielicht tauchen schemenhafte Gestalten auf, die sich aber als harmloses Getier erweisen. Im Auto sitzen Sie, ein Beifahrer und hinter dem Beifahrer eine weitere Person. Sie fahren schnell und das Radio ist laut gestellt«, erklärt der Ex-Polizist.
Ich werde als Fahrerin des Wagens eingeteilt und bin bei dieser Übung mit zwei Arbeitskollegen auf dem Weg von einer Veranstaltung nach Hause zu unseren Familien. Wir fahren hinter dem Seminarhaus einen Weg und Abhang hinunter. Plötzlich kommen drei vermummte Gestalten aus den Büschen – mit Maschinengewehren (täuschend echt, aber Kinderspielzeug aus Plastik) im Anschlag. Wir werden zum Anhalten gezwungen und müssen aussteigen. Kurze, knappe Anweisungen: »Umdrehen! Hände aufs Dach und Maul halten!« Danach folgt das Abtasten. Anscheinend suchen Sie etwas. Wir haben keine Idee, was weiter passieren wird. Der Arbeitskollege, der hinten saß, will die Kämpfer in ein Gespräch verwickeln. Wild fuchtelt eine der Gestalten mit dem Plastikgewehr vor seinem Gesicht herum und schreit ihn an, dass er seinen Mund halten soll, wenn ihm sein Leben lieb sei. Die anderen zwei durchsuchen den Kofferraum. Plötzlich Tumult und Geschrei: Sie haben etwas entdeckt. Schmuggelware: *Playboy* und eine Flasche Whisky. Wir versichern, dass wir nicht wissen, wie beide Dinge in unseren Kofferraum gekommen sind (was auch stimmt). Sie rasten völlig aus. Mir wird schon etwas bange dabei, denn das hier ist nur ein Spiel, aber täuschend echt. Sie schreien, dass wir uns sofort auf den Boden legen sollen. Einer schießt in die Luft (Platzpatrone) und schon liegen wir auf der Erde.

Solche und ähnliche Situationen sind für Südamerika und Afrika durchaus realistisch, wie uns der Ex-Polizist versichert: »Machen Sie sich nichts vor: das kann Ihnen immer passieren«, sind seine Worte. »Und bedenken Sie: immer hinlegen und Fresse halten«, schiebt er nach. Eine klare und deutliche Botschaft für uns Teilnehmer. Niemals versuchen, Räuber, Gauner und Kriminelle in Diskussionen zu verwickeln. Die fackeln nicht lange. Zu verlieren haben sie nichts mehr – quasi *einmal Straße, immer Straße*.

Im anschließenden Gruppengespräch sprechen wir über unsere Gefühle, Ängste und Möglichkeiten des Verhaltens in Extremsituationen.

Und das kann uns auch passieren, denn in Zukunft werden mein Mann, meine Tochter und ich in Abu Dhabi, der Hauptstadt der Vereinigten Arabischen Emirate leben. Ein Leben in einem Land, in dem zwar politische und wirtschaftliche Zufriedenheit herrscht, es aber in den Anrainerstaaten immer wieder zu Unruhen und kriegsähnlichen Zuständen kommt. Deshalb besuche ich im Mai 2011 ein Sicherheitstraining in Köln bei der *Zentralstelle für Auslandsschulwesen* (ZfA). Insgesamt sind wir dabei 30 Lehrer, die die deutsche Pädagogik und das deutsche Curriculum für die nächsten drei Jahre in die Welt tragen werden.

Doch wie kam es dazu?

Nehmen wir an, Sie haben ein Wollknäuel in der Hand; echte, leicht nach Dung riechende weiße Schafwolle mit den typischen Noppen im Faden. Mal dünn, mal dicker gesponnen. Eben so, als ob Sie selbst am Spinnrad gesessen hätten und das zum ersten, zweiten oder auch dritten Mal. Irgendwann begann sich dieser Faden zu entrollen. Sagen wir, vor 52 Jahren ging er auf Wanderschaft, wohl wissend, dass er zu Beginn seiner Rollbahn keine Ahnung hatte, wohin die Reise gehen würde. Er rollte mal schneller, mal langsamer. Oft wich er einem Stein, Getier oder sogar größeren Hindernissen aus. Trotzdem hat er immer wieder seine Bahn gefunden. Vielleicht ist es Zufall, vielleicht ist es Schicksal. Oh, könnten wir doch die Parzen befragen, die in der römischen Mythologie fleißig am Lebensfaden spinnen und dessen Länge und seine Konsistenz bestimmen.

Als ich den Blick auf den entrollten Faden werfe, sehe ich Kreisbahnen, Wirrwarr, Erhöhungen, Vertiefungen und Verzweigungen. Der Grundfaden bleibt aber bestehen. Er ist klar und deutlich zu erkennen, mit Rhythmus und Regelmäßigkeiten – die Aufs und Abs sind lästig, aber ohne diese ist der Faden nicht denkbar. *Rhythmus* im Sinne von Wechsel, etwas anderem, etwas Neuem. Keine 180-Grad-Wende, sondern eine Beschreitung meines Lebensweges mit interessanten, weiterführenden Akzentuierungen. Dass dieser Weg nicht klein sein, sondern schwindelerregende Ausmaße annehmen würde, wusste ich vor fünf Jahren noch nicht. Und das war gut so.

Regelmäßig, ungefähr alle vier bis sechs Jahre, begann sich der Faden eng und enger im Kreis zu drehen. Dann wurde es Zeit für Neues. Meist war es bei der Arbeit oder im Privatleben zu eintönig, zu uninteressant und zu gleichbleibend. Dann stellte ich mir die banalen Frage: *Was könnte ich im Leben noch machen?* Und da ich seit einigen Jahren nicht mehr allein bin: *Was kann ich meinen beiden Liebsten alles zumuten?*

Dass es mit Reisen und Arbeiten zu tun haben würde, war schnell klar. Und dass wir nicht in Deutschland bleiben, sondern ins Ausland gehen würden, auch. Als verbeamtete Berufsschullehrerin im deutschen Schulsystem stehen mir alle Türen offen und ich kann mich für zweimal drei Jahre *entsenden* lassen. Leben, arbeiten, reisen und dafür Geld bekommen, das für eine dreiköpfige Familie plus Rücklagen reicht, war in meinem Lebensentwurf neu. Doch wohin unsere Schritte lenken? Asien, USA oder Australien?

Zuerst musste mein Schulleiter einer Entsendung ins Ausland zustimmen, dann wurde ich vom innerdeutschen Schulsystem freigestellt, denn ohne Beurlaubung kein *Schuldienst auf Zeit mit deutschem Gehalt und garantiertem Arbeitsplatz* bei unserer Rückkehr. Parallel dazu ließ ich mich auf eine Liste bei der ZfA als *weltweit suchend*, setzen.

Zu dieser Zeit war meine Tochter bereits im siebten Lebens- und ersten Schuljahr und fragte: »Mama, gibt es denn auch in anderen Ländern deutsche Schulen?« Für sie war klar: Wir leben in Deutschland, sprechen Deutsch und die Kinder aus unserer Kleinstadt gehen auf eine deutsche Schule. Als ich ihr erzählte, dass es weltweit noch 140 deutsche Schulen außerhalb Deutschlands gibt, war sie sehr erstaunt. »Und wo genau befinden sich diese Schulen?« Wir schnappten uns einen Atlas und ich zeigte ihr die verschiedenen Kontinente, Länder und einige Standorte. Der kreisende Wollfaden nahm wieder seine gewohnte Richtung auf und vorwärts ging es.

Zusätzlich bewarb ich mich online an Schulen auf den Kanarischen Inseln, in Singapur, Athen, Thessaloniki und Sydney. Orte und Landschaften, die ich spannend fand. Die Resonanz darauf war dürftig, doch im Herbst kamen plötzlich Anfragen von Schulleitern aus aller Welt: Südafrika, mehrere südamerikanische Staaten, Ägypten und Korea. Nach näherem Betrachten schlossen wir jedoch Südafrika und Südamerika wegen der hohen Kriminalitätsrate und der hygienischen Verhältnisse aus. Vielleicht Kairo? Vielleicht Seoul?

Wirklich wichtige Faktoren, die ich bei der Suche berücksichtigte, waren die medizinische Versorgung, die hygienischen Standards und die Entfernung zu Deutschland. Da meine Tochter als sogenanntes *Herzkind* auf die Welt gekommen war und bereits nach acht Monaten am offenen Herzen operiert werden musste, konnte ich ihr nur ein Land zumuten, das die entsprechenden Bedingungen standardmäßig einhielt.

Eines Abends klingelte unser Telefon. Es meldete sich ein Schulleiter aus den Emiraten, respektive aus der Hauptstadt Abu Dhabi. Bereits nach einigen Sätzen fragte er mich, ob ich alleine oder mit Familie kommen würde. Diese Information war wichtig, da ein Zusammenwohnen ohne Trauschein in den Emiraten nicht gestattet ist. »Willst du das wirklich?«, fragte mich mein aus Hessen stammender Mann, denn zu diesem Zeitpunkt waren wir nicht verheiratet. Er hatte schon 20 Jahre Ehe hinter sich und ich vielleicht noch vor mir. *Wilde Ehe* war ich seit Jahrzehnten gewohnt. Und dieser Schulleiter hielt sich an die Landessitten. Mein Einsatz würde sich ab Klasse fünf bis zum Abitur auf die Fächer Chemie und Biologie erstrecken. Außerdem würde sich das Wochenende verschieben. In den Emiraten beginnt die Fünftagewoche sonntags. *Auch okay*, dachten wir uns. Die Zeitverschiebung beträgt zwischen zwei und drei Stunden, je nach Sommer- oder Winterzeit.

Eigentlich wollte er direkt am Telefon eine Zu- oder Absage, doch ich bat mir Bedenkzeit bis zum übernächsten Tag aus, um mit meiner Familie darüber reden und erste Erkundigungen via Internet über das Land, die Schule und das Leben vor Ort einholen zu können. Jetzt wurde es konkret; ein schwerer Schritt für uns als Familie und speziell für mich als Lehrerin.

Als späte Quereinsteigerin hatte ich an einem allgemeinen Gymnasium noch nicht unterrichtet. Berufsschulen im Ausland gab es nur in Südamerika und da wollten wir nicht hin. Was tun? Meine Tochter konnte diesen Gang nur bedingt abschätzen. Die Distanz zu ihrem Vater, der in Hessen lebt, beschäftigte sie weit mehr. Aber nicht nur sie – auch ihn. Er hatte als Mit-Sorgeberechtigter die Befugnis einzuwilligen oder sich zu sperren, doch ohne meine Tochter wäre ich nicht ausgereist. Da er aber meinem Traum vom Leben im Ausland nicht im Wege stehen wollte, willigte er in diesen Umzug ein, solange es unserem Kind gut gehen würde. Diese Einwilligung des Vaters musste ich für die muslimischen Behörden vor Ort notariell beglaubigen lassen, ansonsten wären uns die Residenzvisa nicht ausgestellt worden. Die *Grübelphase* dauerte zwei Tage und ich sagte schließlich telefonisch zu.

Wichtig erschien uns, die Schule in der Ferne vorab kennenzulernen, zu spüren, zu riechen, die Stimmung am Arbeitsplatz und in der Stadt aufzunehmen und das Land bei einem Kurztrip zu erleben. Empfehlen kann ich das jedem, der plant für längere Zeit ins Ausland zu gehen.

Im Februar 2011 war es so weit, Sonne und Strand winkten. Leider war an Erholung nicht zu denken.

Der erste Weg zur Schule artete zur Suche nach der Nadel im Heuhaufen aus. Der Taxifahrer hatte noch nie von der Schule gehört und rief einen Kollegen an. »Ah, right, then straight, then the third left …« So ging es über eine Stunde lang. Als wir dann ankamen, war es nicht der richtige Standort. Den gab es seit zwei Jahren nicht mehr, da die Schulgemeinde umgezogen war. »Second left, take the airport road junction 11th street …« Und so ging es weiter. Es dauerte nochmals eine halbe Stunde und wiederholende Telefongespräche, bis wir endlich ankamen. »Mama, ist das meine neue Schule?«, fragte meine Tochter.

Und da standen wir. Groß war das Eingangsportal, das rechts und links die Flaggen der Emirate und Deutschlands zeigte. Darüber eine Gazelle, eines der Nationaltiere des Landes. Der Gebäudekomplex war von einer hohen Mauer umsäumt. Neben dem Tor war eine Pforte mit Klingel, die wir drückten. Wie von Zauberhand öffnete sich die Tür. Zunächst überquerten wir einen kleinen Parkplatz und schritten die Stufen zum Foyer hinauf. »Ah ha, so sieht es also innerhalb der Mauern aus«, kommentierte meine Tochter, denn zwischen Mauer und Gebäude befanden sich ein großer Platz, der als

Busparkplatz genutzt wurde, und ein kleines *Wäldchen*, naja, sagen wir, es standen einige Bäume eng beieinander.

Wir meldeten uns als Besucher bei der Security an und bekamen ein Namensschild, das als Besucherausweis in der Schule immer zu tragen war. Der Schulleiter holte uns ab und zeigte uns Unterrichtsräume, Cafeteria, Kindergarten und Turnhalle. Meine Tochter besuchte ihre zukünftige Klasse und feierte mit den Kindern Fasching. Sofort war sie mittendrin und spielte mit. Mein Mann und ich hatten die Gelegenheit, mehrere Kollegen kennenzulernen. Sie waren sehr nett und hilfsbereit und luden uns zu sich nach Hause ein. So konnten wir uns ein erstes Bild von Häusern und Wohnungen machen und überlegen, in welches Domizil wir im Sommer einziehen wollten. Einige Kollegen hatten ihre Möbel via Container aus Deutschland mitgebracht, andere besorgten sich hier nur das Notwendigste, doch jeder dehnte seinen Stil auf arabische Kunst und Möbel aus, wie wir feststellten: Sitzelemente, Bilder an der Wand oder Geschirr. Der Kollege, der im Sommer die Schule verließ und den ich dann ersetzen sollte, erzählte manches vom Schulleben, aber nicht alles, wie sich später herausstellte. Er überließ mir Klausuren, leider ohne Lösungen und informierte mich über Prüfungen an der Schule. Weiterhin zeigte er mir die Sammlung der Naturwissenschaft und stellte mich den Schülern vor, die im Folgejahr bei mir die Prüfung in Biologie absolvieren würden. Viele neue Gesichter und Namen prasselten auf uns ein, merken konnte ich mir allerdings nur wenige. Alles war so neu und so fremd. Insgesamt hatten wir in den wenigen Tagen aber einen angenehmen Eindruck gewonnen.
Nachmittags sahen wir uns die Stadt an und kamen aus dem Staunen nicht mehr heraus. »Schaut euch mal diese Autos an«, rief mein Mann. Dabei kam seine nicht allzu tief versteckte Vorliebe für alles Schnelle und Röhrende zum Vorschein. Es gab Pkws, die hatte ich so vorher noch nicht gesehen. Designte *Porsche, Mercedes* oder

Jaguar, Königsegg und *Bugatti* für die, die es sich leisten können. An der Ampel gaben sie extra für uns Gas – und das röhrte tief und tiefer! Dann noch schnell mit durchdrehenden Rädern eine Gummispur hinterlassen, dass es nur so qualmt. Was für eine Verschwendung an Material und Sprit! Doch hier war das ganz normal. Der Puls meines Gatten kam in Wallung.

Was bei meiner Tochter und mir wallte, waren unsere Mähnen, denn um die Etagenanzahl der *Tower* abzuschätzen, legen wir die Köpfe weit in den Nacken und der stete Wind vom Binnenmeer zerzaust dabei unsere Haarpracht gehörig. Kein Vergleich zu deutscher Architektur. Jeder von uns kennt die Steigerungsart *hoch, höher, am höchsten*. Das trifft es bei diesen Bauten. Und die Luft roch so anders – irgendwie nach Lagerfeuer und Parfüm, gepaart mit Abgasen und Gebratenem. Als wir durch die Gassen der Stadt spazierten, war es angenehm warm. Menschen in bunten Kleidern und mit Tüchern auf dem Kopf begegnen uns. Sie lächelten freundlich.

Aus den Autos und Häusern schallte arabische Musik, die sofort beim Ruf des Muezzins abgestellt wurde. Wir erschraken, denn wir standen direkt neben einer Moschee und bewunderten gerade das architektonische Gebilde, als das Rufen losging. Meine Tochter hielt sich die Ohren zu und schrie: »Mama, was soll das denn?« Ich erklärte ihr, dass der Ruf uns in Zukunft fünfmal am Tag begleiten würde und dass die Menschen in der arabischen Welt sehr gläubig seien. »Sie kommen zusammen, um zu beten.« Männer strömten aus allen Himmelsrichtungen herbei, um Allah zu huldigen. Sie entledigten sich ihrer Schuhe vor dem Portal und gingen hinein. Zu gerne hätte ich beim Beten einmal Mäuschen gespielt. Meist schlossen sie ihre Autos nicht ab und in den Sommermonaten blieben die Motoren an, um den Innenraum kühl zu halten. Nach dem Gebet strömten die Gläubigen wieder heraus, schlüpften in die Schuhe, eilten über das heiße Pflaster ins Kühle der Wagen und fuhren weiter zu ihren jeweiligen Geschäften.

Wir dagegen schauten uns Geschäfte und Supermärkte an, die uns Kollegen empfohlen hatten. Ja, in diesem Land könnten wir leben und erleben. Mein Mann und meine Tochter stimmten zu: Einmal da wohnen, wo andere Urlaub machen und es gänzlich anders zugeht als zu Hause!

Mit einer Menge Eindrücken positiver Art und mit viel Elan flogen wir wieder zurück und stürzten uns in die letzten Alltagsgeschäfte. Wir lösten unsere Wohnung auf, lagerten Kisten ein, verkauften und verschenkten die letzten Möbel und meldeten unseren Wohnsitz in Deutschland ab. 20 Umzugskisten mit Unterrichtsmaterial, Spielzeug, Geschirr und Kleidern verschickten wir per Luftfracht an die Schule in die Vereinigten Arabischen Emirate. Dazwischen hatten wir einen Termin auf dem Standesamt. In kleinem Kreis; spontan nach vier beziehungsweise fünf Jahrzehnten entrollten Wollfäden, trauten wir uns in einer wilden Kombination aus schwäbischer und hessischer Mentalität.

Dann stand unser Abschied an und einige wenige Tränen bahnten sich ihren Weg über unsere Wangen. Zu stark waren wir mit dem Kommenden und Werdenden beschäftigt, da blieb wenig Zeit für einen Blick zurück. Jetzt und hier ging es los mit Mut und Kraft und unser Entdeckungsdrang wischte alle Zweifel beiseite.

Gehen Sie mit mir und diesem Wollfaden auf Wanderschaft, entdecken Sie Orte, menschliche Bedürfnisse und den faszinierenden, farbenprächtigen sowie zwiespältigen Makrokosmos der Vereinigten Arabischen Emirate.

Kinderbonus bei Behördengängen

A person who does not know their past cannot make the best of their present or their future.

Sheikh Zayed Bin Sultan Al Nahyan,
Founder of the UAE

»… und Sie sind mit dem falschen Pass eingereist, das kann jetzt nicht wahr sein.«
So sieht unsere erste Begrüßung in den Vereinigten Arabischen Emiraten aus. Und es ist wahr. Irgendwie ging diese Information beim Vorbereitungsseminar in Köln an mir vorbei. Der Wollfaden weiß auch keinen Rat, dafür aber die zuständige Botschaftsmitarbeiterin, die nur mit den Augen rollt.
»In vier Wochen nochmals ausreisen und mit dem Dienstpass, anstatt dem Reisepass, wieder einreisen«, sagt sie. Ein *Dokument für Auslandsdienstlehrkräfte* (ADLK) von zwingender Notwendigkeit. Nur mit dem Einreisestempel in diesem Pass erhalte ich ein Residenzvisum und kann im Anschluss als Sponsor für meine Familie auftreten, die ID-Karte beantragen, ein Bankkonto eröffnen, ein Auto kaufen und anmelden.
Verflixt. Anders nicht, so sind die Bestimmungen in diesem Land. *Was für ein Start*, denke ich.
Hinzu kommt, dass wir noch kein Haus beziehungsweise keine Wohnung haben und unsere Ankunft im August 2011 von dunstgeschwängerter Wüstenluft aber strahlendem Sonnenschein begleitet wird.
»Puh, ist das heiß!«, ruft mein Mann.
Gefühlte 50 Grad mit 80 Prozent Luftfeuchtigkeit hat er auch noch nicht erlebt. Im Februar war es bedeutend kühler gewesen. Der Temperaturunterschied zu Deutschland beträgt nun rund 25 Grad. –

Und es ist Ramadan, die heilige Fastenzeit der muslimischen Bevölkerung. Tagsüber geht fast nichts mehr. Nur zu bestimmten Zeiten sind Büros und Behörden zu erreichen. Auch das Essen und Trinken in der Öffentlichkeit ist nicht gern gesehen. Kinder, Kranke und Schwangere sind davon ausgenommen. Heimlich nehmen wir das kühle Nass im Auto zu uns. So wenig am Tage los war, so viel ist es des nachts. Da tanzt der Bär und das Fastenbrechen wird lautstark und kalorienreich nicht nur von der muslimischen Bevölkerung in allen Restaurants gefeiert.
Vorübergehend quartieren wir uns wieder in einem Hotel, dieses Mal in der Nähe der Flaniermeile *Corniche* ein. Ab und zu planschen wir in der großen Poolanlage und genießen das reichhaltige Büffet, das tagsüber mit Vorhängen vom Foyer abgetrennt ist. Doch meistens sind wir zu Wohnungsbesichtigungen mit einer Maklerin unterwegs, wenn sie denn kommt. Mit deutscher Pünktlichkeit und Zuverlässigkeit kommen wir schon zu Anfang nicht weit. Unser Erfahrungshorizont erfährt eine erste Dehnung.
Nach vier Wochen haben wir immer noch kein Haus und wohnen mittlerweile in einem kleineren Hotel. Die Schule geht los und es ist noch kein Rückzugsort in Sicht – etwas, das für mich lebensnotwendig ist.
Dann endlich, nach sieben Wochen, ziehen wir in Villa 25 ein. Das Haus liegt in einem *Compound*, nur zehn Minuten von der Schule entfernt.
Obwohl der kleine Garten an eine stark befahrene Ausfallstraße grenzt, sind wir froh, ein eigenes Reich zu haben. Zum Sitzen, Grillen und Shisha Rauchen nutzen wir den Innenhof. Wenngleich wir tolle Wohnungen in gigantisch hohen Towern angeschaut haben, entschieden wir uns für ein gediegenes Haus. »Mama, ich will Fahrrad, Roller und Inliner fahren und das kann ich nicht in einem Hochhaus«, waren die Kommentare meiner Tochter, die äußerst

sportlich ist. Mein Mann und ich waren uns einig: das Kind kann nicht alleine vom 20. oder gar 40. Stock nach unten auf die Straße gehen, um dann zwischen parkenden Autos zu spielen. Ihr wäre hierbei ein Stück Selbstständigkeit verwehrt geblieben und die Sicherheit das nächste Problem. Im *Compound* ist das anders: Die Kinder verschiedener Nationen treffen sich am Spätnachmittag, nach den Hausaufgaben und anderen Aktivitäten wie Schwimmen, Karate oder Gymnastik. Dann ziehen sie um die Häuser. Mein Mann kann sich in dem als *Driverroom* deklarierten Anbau mit Minibad, aber ohne Fenster, eine Werkstatt einrichten. In arabischen Häusern liegt dieser Wohnraum außerhalb des Hauses mit direktem Zugang zur Garage und ist sonst für den Fahrer gedacht, den wir nicht haben.

Die Zuschüsse für Häuser und Wohnungen werden bei verbeamteten Lehrern durch den deutschen Staat geregelt. Es gibt festgelegte Vorschriften bezüglich des Pro-Kopf-Haushalts mit entsprechender Miethöhe und einem Eigenanteil. Unser angemietetes Haus, im typischen neuzeitlichen arabischen Stil, mit zum Teil vergitterten Fenstern und Marmorfußböden, hat etwa 200 m^2 Wohnfläche, verteilt auf drei Stockwerke.

Das Dachgeschoss hat mein Mann eingenommen: alles klein und im Sommer einer Sauna gleich. Ohne Klimaanlage geht da gar nichts. Es gibt ein Bad, Waschküche, Bügelzimmer und dazu ein Minigästezimmer. Normalerweise ist dieser Bereich der *Fulltime-Maid* vorbehalten, auch diese haben wir nicht. Das ist nun sein Reich. Er wäscht und bügelt und hat den sich hier oben befindenden Balkon und eine Dachterrasse als Trockenplatz für die Wäsche auserkoren. Schwupp die wupp sind die Sachen trocken. Hemden, Blusen, Hosen und Tischdecken bringt er in den 300 Meter entfernt liegenden *Bügelshop*. Pro Hemd bezahlen wir umgerechnet 40 Cent und das garantiert faltenfrei.

Im mittleren Stock befinden sich mein Arbeitszimmer und drei Schlafzimmer mit zwei weiteren Bädern. Eines für meine Tochter und das andere für mich. Diesen Luxus kennen wir aus Deutschland nicht. Im Erdgeschoss liegen Küche, Esszimmer, ein Gäste-WC und ein größeres Wohnzimmer. »Mensch, lebt ihr auf großem Fuß«, hören wir oft von unseren Besuchern. Wir staunen selbst über das großzügig gebaute Haus mit seiner sandfarbenen Fassade und verglasten Fenstern, die keinen Blick nach innen zulassen.

Da die Schule bereits angefangen hat und wenig Zeit für Alltägliches bleibt, geht das Einrichten nur nebenher. Nach wie vor bin ich parallel dazu auf den Ämtern für Visaangelegenheiten und Bluttests unterwegs und wir mieten einen Leihwagen.

Der Tag der Ausreise in den Nachbarstaat Oman kommt näher. Nach wie vor ist die Frage mit den Einreisestempeln in die Dienstpässe nicht geklärt. Wir fahren mit dem Leihwagen nach Al Ain, eine Stadt in der westlichen Region des Emirates. Kurz danach liegt die Grenzstation, die etwa zwei Stunden von Abu Dhabi entfernt ist. Karges Land mit hohen, schroffen Felsen empfängt uns. Staub wirbelt durch die Luft und spiegelt die Straße in der sengenden Hitze wieder.

Es sieht so anders als in Abu Dhabi aus und der Hürdenlauf geht los: Mit dem deutschen Pass aus den UAE raus ist kein Problem. In den Oman mit dem Dienstpass (*Official Passport* für verbeamtete Lehrer) rein hingegen schon: Die omanischen Beamten wollen uns zuerst keinen Einreistempel in unsere Dienstpässe geben. Ein neuer Pass ohne Stempel, das geht gar nicht. »Where do you come from?«, und: »Why do you have two passports?«, werden wir immer wieder gefragt.

Die Beamten sind nicht unfreundlich. Sie scheinen unschlüssig über das weitere Vorgehen und debattieren lautstark in Arabisch im Nebenzimmer. Wir verstehen nichts, ahnen aber, um was es geht.

Dann kommt der Supervisor. Auch er weiß keinen Rat. Telefonieren. Warten. Erklären.

Ich bin müde und kaputt. Der Stress der letzten Wochen macht sich bemerkbar. Auch das Reden in Englisch ist im Wesentlichen meine Aufgabe. Mein Mann fühlt sich in seiner Muttersprache Deutsch äußerst wohl. Als meine Tochter dann noch zu weinen anfängt, weil sie müde, hungrig und überfordert ist, wechselt der Stempel des Beamten urplötzlich von seinem Kissen in unsere Pässe und einige viele omanische Rial sind weg.

Währenddessen lehnt sich mein Mann in der Wartehalle auf einem der vielen Sitze zurück und trinkt seinen Kaffee. So war es meistens, in unseren fünf Jahren: die Ruhe selbst, sprach nicht viel und belächelte manche Situation, durch die wir gingen. »Auf geht's, es geht zurück«, rufe ich ihm zu und eilends steigen wir ins Auto. Fahren vor, dann einen U-Turn und schon geht es am Schalter vorbei zur Ausreise. Auch hier sind wir bereits durch das mehrstündige Einreiseprozedere bekannt. Noch die Ausreisestempel und nach knapp tausend Metern geht es wieder in die UAE mit den ersehnten Stempeln. Dann gibt es das Visum der emiratischen Behörden.

Die deutsche Botschaft in Abu Dhabi ist für uns zuständig. Wir lernen in den Folgejahren einzelne Mitarbeiter sehr schätzen. Bei Anfragen bekomme ich immer eine adäquate Auskunft, werde freundlich bedient und unsere Passverlängerung innerhalb des fünften Jahres wird schnellstmöglich und unbürokratisch erledigt.

Im nun folgenden Schritt trete ich als Sponsor für meine Familie auf, denn ohne diese Möglichkeit können sie nicht mit mir in diesem Land leben. Ich bürge für sie und bezahle in jedem Fall anfallende Außenstände. So ist das hier. Das heißt, ihre Visaangelegenheiten und ID-Karten sind eng mit meinem Aufenthalt und Status verbunden.

»Mama, warum muss ich meine Finger auf diese Glasplatte legen?«
»Weil die Dame sonst dein Visum nicht bearbeiten kann.«
Sie saß vor dem Augen-, Hand- und Fingerscanner. Eine totale Registrierung für uns drei. Die Emirate sind dabei äußerst exakt und unnachgiebig. Außerdem muss sich jeder Erwachsene einem Bluttest (HIV, Hepatitis) und einer Röntgenuntersuchung (TB) unterziehen, wobei auch auf Drogenmissbrauch untersucht wird. Erst dann sind die Formalitäten erledigt und unser ständiger Begleiter ist nun ein Handy: lebensnotwendig, ohne geht nichts! Transaktionen, Aus- und Einreiseinformationen, Rechnungen für die Villa, Zeitungsabo, Vertretungsunterricht und Strafzettel werden in den UAE über das smarte Equipment abgewickelt. Falsch geparkt oder die zulässige Höchstgeschwindigkeit überschritten, folgt zwei bis drei Tage später prompt eine Nachricht über das *Mobile*. Es scheint, als ob *kein Mobile* gleichgesetzt wird mit *kein Leben*. Sogar in den Cafés werden die Gespräche auf ein Minimum reduziert, da ständig der Ohrstöpsel im Ohr eine Verbindung zur virtuellen Welt darstellt. Wie gut es sich mit halbem Ohr hört, sei dahingestellt.
Tipps von Kollegen kommen spärlich, aber wenn, dann sind sie enorm brauchbar: »Geht immer mit Kind zu Behördengängen, dann kommt ihr schneller dran, das hilft euch in den UAE.« Die Bevölkerung ist sehr offen für Mütter mit Kindern und das verkürzt die Wartezeit im öffentlichen Raum. Sei es nun beim Bezahlen der Strom- oder Telefonrechnungen (was in Zukunft auch über das *Mobile* funktioniert) oder Heranwinken eines Taxis: immer werden Frauen mit Kindern bevorzugt behandelt. Mein Mann hingegen wartet zum Teil Stunden bei den Behörden, oft kann ich ihn nur per Telefon sprechen, da die Wartebereiche strikt nach Geschlechtern getrennt sind. Wer den VIP-Bonus ausschöpfen möchte, lässt einige Dirham springen und schon ist er an der Reihe; hier ist alles machbar.

Vollständig unbeschädigte Umzugskisten in Empfang zu nehmen ist uns nicht vergönnt. Sie sind ramponiert und teilweise offen. Alle Ordner, in denen ich meine Unterrichtsunterlagen einsortiert hatte, muss ich ersetzen.

Um die leere Villa etwas heimeliger zu gestalten, kaufen wir bei IKEA einen Esstisch und Stühle sowie Regale für mein Arbeitszimmer, Besteck und Geschirr. Schränke sind in der Regel in den Häusern eingebaut. Ein Kollege hatte uns bei unserem ersten Besuch im Februar seine Wohnzimmergarnitur, ein Bett und die Waschmaschine verkauft, eine Kollegin schenkte uns ihren alten Schreibtisch. Einen PC besorge ich mir samt Monitor und Drucker hier vor Ort. Da Häuser und Wohnungen unmöbliert aber mit Küchenzeile angeboten werden, sind ein Herd, eine Kühl-/Gefrierkombi und ein Wasserspender eine weitere Ausgabe.

Rund ums Haus ist eine *Maintenance* zuständig, die bei jeglichen Problemen zu rufen ist. Die Männer kommen sofort, begutachten zum Beispiel eine feuchte Wand, tropfende Wasserhähne oder ein kaputtes Klo, überlegen und dann wird der Supervisor befragt. Nach dessen Okay kommen die entsprechenden Handwerker und mein Mann, selbst Handwerker von Beruf, bekommt noch mehr graue Haare als er schon hat. Da wird gestopft, geknetet und kurz geschraubt. Schnell sind sie mit der Arbeit fertig. Jedem noch einen Zehner in die Hand gedrückt und schon sind sie wieder weg. Solche *Kunsthandwerke* hat mein Mann auch noch nicht gesehen und stellt fest, dass ein Wasserhahn auch nach dieser Reparatur noch mindestens zwei Jahre durchhalten kann.

Mehrmals klingelt es an unserem Tor und *Maids* stellen sich vor. Dass neue *Exparts* eingezogen sind, spricht sich bei Arbeitssuchenden schnell herum. Wir haben es in fünf Jahren auf vier Reinemachefrauen, einmal die Woche für drei Stunden, gebracht. Die eine ging in ihr Heimatland zurück, die andere wollte eine Festanstellung.

Um den *Compound* von Ungeziefer jeglicher Art frei zu halten, wird mehrmals im Jahr die *Pestcontrol* geholt. Der kleine Lkw fährt mit lautem Krach und eingeschalteter Düse durch den Wohnkomplex und das nur nachts gegen 23.00 Uhr. Kurzerhand werden wir eingenebelt. Die Luft riecht plötzlich süßlich und ich renne schnell durchs Haus und schließe alle Fenster, die offen stehen. Aber das hilft auch nicht viel, denn durch die Eingangstür und Fenster zieht es gewaltig. Als ich am *Gate* nachfrage, was da gesprüht wird, bekomme ich zur Antwort: »Mam, only chemicals, no dangerous, no harmful. Don't worry.« Mehr kann ich aus dem *Security* nicht herausbekommen.

In Deutschland habe ich noch vor der Ausreise ein Darlehen in Höhe von 10.000 Euro aufgenommen, um erste Kosten zu decken. Unser Jeep ist die größte Anschaffung. Es ist eine riskante Angelegenheit keinen Neuwagen, sondern einen Gebrauchten zu kaufen. Ein Kollege hat uns bereits im Februar sein Auto angeboten, doch es war für uns nicht erschwinglich. Später hatte er dafür einen ungedeckten Scheck eingesteckt und wurde um circa 20.000 Euro geprellt.

Wir laufen die Schwarzen Bretter in den Supermärkten ab, werden fündig und kaufen einen wüstentauglichen Wagen von einem australischen Ehepaar für 8.000 Euro. Nur gegen Barzahlung, versteht sich. Der Besitzer begleitet uns zur Zulassungsstelle und nimmt die Abwicklung in die Hand. Das ist sicher nicht verkehrt. Sind Gebühren für zum Beispiel zu schnelles Fahren auf dem Konto des Noch-Besitzers angefallen, hat derjenige diese zu bezahlen, der das Auto ummeldet, wie eine Kollegin uns zuvor aufklärt. Und das ist oft der Neubesitzer.

Dieses Vehikel leistet uns für die nächsten fünf Jahre fast immer zuverlässige Dienste. Aber *fast* ist eben nicht *immer*. Manchmal sind Reparaturen vorzunehmen, die mein Mann in *Mussafah*, der Industriezone Abu Dhabis, in einer kleinen Werkstatt bei einem Inder durchführen lässt. Den Tipp haben wir wiederum vom Hausmeister der Schule bekommen, ein Landsmann von ihm.

Bereits da stellen wir fest, dass *eine Hand die andere wäscht* und immer nach Lösungen für Probleme gesucht wird. So ist das in der arabischen Welt; Beziehungen sind hier alles, auch auf anderen Ebenen. »Come, I will help you«, klingt für unsere deutschen Ohren am Anfang oft neu.

Bereits nach einem Jahr habe ich den Kredit abbezahlt und kann nun, als Schwäbin, ans Sparen denken.

Nach dem zweiten Schuljahr ziehen wir in die Villa 44 innerhalb des *Compounds* um. Dieses Haus grenzt an eine kleine Seitenstraße und der Garten ist weit größer und lädt zum Sitzen, Grillen und Ballspielen ein. Zwischen den Bäumen spannen wir eine Hängematte, die ich von einem Indientrip mitgebracht habe. Die Seitenfront des Hauses ist mit Bäumen gesäumt und wir sind in den heißen Monaten dankbar für den Schatten und etwas Kühle. Mein Mann verlegt Rasen (und das mehrmals, da ist er nicht zu belehren, trotz heißem Sommer); Topfpflanzen runden das heimelige Gefilde ab.

Einfach in dem Garten zu sitzen bei 25 Grad ist schon was Schönes, als es Winter wird. Zusätzlich haben wir einen Metalltopf in der Mitte des Rasens stehen. Abends sitzen wir davor und wärmen uns am Lagerfeuer. Rauch steigt auf, auch beißender, da das Holz meist nicht durchgetrocknet ist. Direkte Nachbarn gibt es, doch keiner beschwert sich, denn früher, als die Beduinen in der Wüste umherzogen und ihr Brennholz sammelten, kochten sie am offenen Feuer. In unserem Viertel riecht die Luft, speziell in den Wintermonaten, stark nach verbranntem Holz, da viele *Locals* diese Tradition noch weiterführen.

Unser neuer Vermieter ist nun Sheikh Mohammed. Natürlich nicht er selbst, sondern seine Ansprechpartner im Büro in *Khalidiyah*; wir genießen eine erstklassige Betreuung. Erst da erfahren wir, dass die Häuser innerhalb des *Compounds* ganz unterschiedliche Besitzer haben. Mittlerweile ist es *Exparts* erlaubt Häuser nicht nur zu mieten, sondern auch zu kaufen. Das war jahrelang verboten.

»Maaammmmaa, komm schnell«, schreit meine Tochter eines Tages.
Sogleich renne ich los. »Ja, was ist denn«, blöke ich zurück.
Dann sehe ich die Bescherung: Riesige Kakerlaken wandern in aller Ruhe durch Bad und Wohnzimmer. Aber nicht nur dort. Sie sind in diesen fünf Jahren unsere ständigen Begleiter und in jedem Zimmer ist mal eine … oder zwei … ein Ende nicht abzusehen. Sie sitzen in und an den Rohren der Kanalisation und kriechen durch winzige Spalten in die Häuser. Da hilft nur Chemie, wird mir mitgeteilt. Ein Nervengas ist der ultimative Killer. Sprühen, kurzes Zucken und schon liegen die Plagegeister auf dem Rücken, legen keine Eier mehr ab und können weggekehrt werden. So was habe ich in Deutschland nicht gemacht. Chemie kam mir bis dahin nicht ins Haus. Hier treten nun ganz neue Züge meiner Persönlichkeit ans Tageslicht.
Lieber sind uns da die vielen Geckos, die wir in allen Größen innerhalb des Hauses herumflitzen sehen. Dass unsere zugelaufene Katze, mit dem Namen Emma, den einen oder anderen verspeist, sehen wir gar nicht gerne. Wir quartierten sie im Innenhof in einer Ecke mit einem Liegeplatz und Futter ein und des Abends begleitet sie uns auf einen Rundgang um den *Compound*. Sie ist ein treues Tier. Ansonsten versteckt sie sich unter den Büschen oder Bougainvilleen und wartet, bis wir zurückkommen. Egal ob wir zu Fuß oder mit dem Auto unterwegs sind: sie ist immer da und wartet auf uns. Im

Laufe der Jahre gesellen sich noch drei weitere Katzen dazu, die von uns durchgefüttert werden.

Bereits im April wird es heiß und heißer. Das steigert sich bis zu den Sommerferien auf satte 60 Grad. Dann gilt für alle: Auto an, Klimaanlage voll aufdrehen, vorfahren, einsteigen und zur Schule oder Mall fahren, aussteigen und sogleich wieder in einen klimatisierten Raum eintreten. Oft wird das Auto einfach angelassen und die Menschen gehen einkaufen oder trinken einen Kaffee. Meist ist die Sonneneinstrahlung so stark, dass unsere Wangen brennen und die zusammengezogenen Falten der Gesichtshaut noch tiefere Furchen zeigen.

Im Gegensatz dazu ist die kalte Zugluft in den Malls für ein gesundheitliches Desaster zuständig. Ich bin seit jeher dagegen empfindlich und wir kühlen die Räume nie unter 23 Grad. Nachts, um Strom zu sparen, bleibt nur eine zentrale Klimaanlage an. Immer nehme ich in die Geschäfte eine Jacke oder einen weichen Cashmereschal mit, auch wenn es nur ein obligatorisches Accessoire ist. »Brrr, ist das kalt.« Da sind meine Kolleginnen und ich uns einig.

Interessant ist zu beobachten, dass in der Winterzeit viele Menschen hier mit Wollmützen und Fellschuhen herumlaufen. Auch meine Tochter jammert: »Mama, kannst du die Heizung anmachen?« Nein, natürlich nicht, denn draußen sind es immer noch 25 Grad. Die fühlen sich aber auf unserer Haut wie 15 Grad an; wir haben keine Heizung im Haus. Freunde von uns kauften einen Radiator und der heizt zusätzlich abends beim *Tatort* mächtig ein. Ich sitze mit Wollstrümpfen und Fließjacke am Schreibtisch und manches Mal lege ich mir noch eine heiße Wärmflasche in den Rücken. Mein Mann verdreht nur die Augen. Für ihn ist es immer warm und angenehm. Er rennt im Winter, auch bei Schnee und Eis, noch mit kurzen Ärmeln und ohne Socken durch die Gegend.

Dem Wollknäuel kann die Kälte und auch die Hitze nichts anhaben. Das liegt in seiner Natur. Ich verstaue es in einem der praktisch integrierten Kleiderschränke in meinem Zimmer, ganz nach hinten. Dort ist es dunkel und im Moment wird es nicht gebraucht .

Abu Dhabi – Vater der Gazelle

*Our forefather played their part in the building
of this homeland and now it is
our duty to build for future generations,
to continue the journey of the ancestors.
We must unreservedly make use of
all experience and expertise, taking
everything we need and can benefit
from so long as it conforms to our
Arab traditions and ideals.*

Sheikh Zayed Bin Sultan Al Nahyan,
founder of the UAE

Echte Pflanzen, die auch noch Grün sind, in einer Wüste ohne Grundwasser – wie soll das gehen, fragen wir uns. Doch das *Schwarze Gold*, die reichhaltigen Ölfunde, machen es möglich: Überall werden Bewässerungsschläuche verlegt und die Entsalzungsanlagen in Meeresnähe retten Pflanzen, Tiere und Menschen vor dem Austrocknen.

Abu Dhabi, eine Stadt der Superlative, reich geworden durch die unermesslichen Ölfunde. Im Kerngebiet ist sie 70 km^2 groß und als Halbinsel über zwei Brücken mit dem Festland verbunden. Eine Metropole auf reinem Sand gebaut. Die umliegenden Inseln sind zum größten Teil künstlich aufgeschüttet und werden vom Arabischen Golf umspült.

Bilder von großen, mächtigen und protzig anmutenden Gebäuden zieren vielerlei Postkarten und Reiseführer. Doch ist dass *das* Abu Dhabi? Die Megastadt der unzähligen Hochhäuser? Diesen Eindruck hatten wir bereits im Februar gewonnen. Eine Postkartenidylle, auf der sich Wolkenkratzer im zart schimmernden blauen Wasser widerspiegeln. Unsere Herzen schlugen höher, weil es etwas ganz

Neues war: verglaste Fassaden, die keinen Blick nach innen zulassen, Palmen mit ausladenden Zweigen und reichen Blütenständen, die im Herbst als reife Früchte, Datteln, geerntet werden und das belebte Stadtbild zieren. Sträucher und Bäume, die der sengenden Sonne mit ihren grünen Blättern und bunten Blüten widerstehen, der stetig schwül-warme Wind, beladen mit Sand und Staub, der beständig über die Halbinsel zieht.

Abu Dhabi, mit rund 1,5 Millionen Einwohnern, hat seinen Platz unter den top Megastädten der Welt eingenommen. Bereits in den 80er-Jahren des letzten Jahrhunderts hat der Bauboom begonnen. Der Name *Vater der Gazelle* macht dieser *City* alle Ehre: arabisch, westlich und bedeutungsvoll zugleich. Diese grazilen, wie schwebend anmutenden Tiere gibt es heute im Stadtbild nicht mehr. Sie wurden von der zunehmenden Technisierung und Bebauung verdrängt. Nur noch auf *Saadiyat Island* sehen wir manchmal ein kleines und zierliches Tier in der Nähe der Strandbar seine Kreise ziehen. Interessiert hebt es seinen Kopf und lauscht den Klängen der Musik und dem leisen Gemurmel der Gäste.

Wer möchte, kann diese zu den Hornträgern gehörende Gattung bei einem Trip nach *Sir Bani Yas Island* kennenlernen, einem von *Father Zayed* geschaffenen einmaligen Insel-Naturreservoir, etwa 250 Kilometer südwestlich von Abu Dhabi. Eine große Hotelkette hat in dezenter, der Natur angemessenen Architektur angemessene Zimmer geschaffen; das Feinste vom Feinen.

Leise Musik plätschert in der Halle, als wir ankommen. Wir werden mit arabischem Kaffee und Datteln begrüßt. Unsere Rangerin Sheila treibt uns zusammen. Heute hat sie insgesamt sechs zahlende Gäste vom Festland für eine außerordentliche *Wüstensafari*. Meine Tochter sitzt neben ihr im Jeep und strahlt übers ganze Gesicht: endlich Natur und Tiere!

Das Fahrzeug hat nur vorne Scheiben. Bei uns hinten zieht es gewaltig, aber bei gefühlten 40 Grad im Schatten, ist der Fahrtwind angenehm kühlend. Nur durch geführte Touren sind die hier angesiedelten Gazellen in der Nachbarschaft von Giraffen, Geparden, Straußen und Ziegen zu besichtigen. »Über die letzten Jahrzehnte wurden mehr als 20.000 Bäume und Sträucher gepflanzt«, berichtet die Rangerin. Ungefähr 700 Mitarbeiter pflegen das Gelände und halten den Hotelbetrieb aufrecht. Der allseits beliebte und überall gegenwärtige Herrscher erschuf auf dieser natürlichen Insel ein einzigartiges Ökosystem im arabischen Golf, das nur nach vorheriger Buchung zu besichtigen ist.

Gazellen sind Paarhufer und an die Wüstenlandschaft adaptiert. Sie leben in größeren Gruppen zusammen. Abu Dhabi wird versinnbildlicht als *ein Vater, der über seine Tiere wacht*. Ein Wachen, das sich heute auf die Menschen bezieht, die hier leben, denn auf 20 Prozent Einheimische (*Locals*) kommen rund 80 Prozent Ausländer (*Exparts*). Mittlerweile ist die Masse der Zugereisten viermal so groß und Sheikh Mohammed bin Zayed führt stellvertretend für Sheikh Khalifa bin Zayed mit Um- und Weitsicht die Regierungsgeschäfte.

Eine andere Bezeichnung für die Stadt lautet *Milh*, was so viel wie *Salz* bedeutet. Da das Meer um Abu Dhabi sehr salzhaltig ist, liegt auch dieser Name nahe. Und auch in Salzwasser können Pflanzen gedeihen, wie ein Paddeltrip durch die Mangroven vor den Toren der Stadt verdeutlicht. Unzählige Bäume stehen hier im Wasser und haben ein einzigartiges Ökosystem unter Extrembedingungen geschaffen.

Mit einer Kollegin paddele ich regelmäßig samstags für zwei bis drei Stunden durch dieses Naturschauspiel. Kaum auf dem Wasser, streifen wir den Alltag von uns ab – morgens um sechs beziehungsweise um sieben Uhr ist die Welt noch in Ordnung. Uns begleiten nur die unzähligen Vögel, die im Tiefflug aus dem Wasser heraus ihr Frühstück packen und sogleich im Weiterfliegen hinunterschlingen. Ob sie sich über uns Störenfriede ärgern? Manches Mal begleitet uns ein kurzes Stück entlang des Ufers ein Wüstenfuchs oder kleine Krabben flüchten schnell in ihre Höhlen. Mit der aufsteigenden Sonne, deren Strahlen sich glitzernd im leichten Wellenspiel brechen, paddeln wir unterschiedliche Wasserwege entlang. Immer gibt es etwas zu entdecken. Wir nehmen uns diese Zeit, um über Alltägliches, Erdrückendes und auch Erheiterndes zu sprechen. Erblicken wir Unrat im Wasser, was öfters vorkommt, laden wir diesen ins Boot und entsorgen ihn in der Mülltonne am Steg – sehr zur Verwunderung des Bootsverleihers, denn Müllaufheben wird hier nur vom Putzpersonal vorgenommen. Selten beseitigen die Verursacher ihren eigenen Müll.

Wie die Wasserwege, ziehen sich die Straßen der Stadt schachbrettartig bis zur *Corniche* und prägen diese maßgeblich. Für mich eine wahre Freude der Orientierung beim Autofahren. Einige wenige Wolkenkratzer wurden zu Zeiten des Regenten *Father Zayed* gebaut. Nach seinem Tod nahmen die Ausmaße exorbitante Züge an.

Entlang der *Corniche* reiht sich heute in architektonischer Form- und Farbenvielfalt Tower an Tower. Gebaut wurden und werden sie von Arbeitern (*Low Budget People*), die aus wirtschaftlich desaströsen Ländern kommen, hier begrenzte Aufenthaltsgenehmigung erfahren und für umgerechnet knapp 400 Euro einen Knochenjob erledigen. Trotzdem überweisen sie monatlich einen Betrag an ihre Familien zu Hause. Dessen ungeachtet sind sie gerne hier und schuften bis zum Umfallen, was allemal besser ist, als in ihrer Heimat arbeitslos und großer Armut ausgesetzt zu sein. Zigtausende werden jeden Tag von ihren Unterkünften in weißen Bussen, meist ohne Klimaanlage, abgeholt, auf die Baustellen gefahren und abends wieder zurückgebracht.

Die acht Kilometer lange Strandpromenade lädt zum Spazierengehen, Joggen, Inliner- und Fahrradfahren ein. Begleitet wird man auf der einen Seite vom Rauschen des Meeres, das in immer wiederkehrenden Bewegungen gegen das Ufer trifft, auf der anderen Seite befindet sich ein breiter Speckgürtel aus Grün- und Spielanlagen. Abends und am Wochenende wird dieses Ensemble der reißbrettartigen Gartenlandschaft, Binnenmeer und architektonischer Größen durch laute Motorengeräusche der schnellen Flitzer wie *Jaguar, Bentley, Rolls-Royce, Ferrari* und *Lamborghini* gestört. Hinzu kommen die wilden jungen Jetski-Fahrer, die ihre Potenz in Form von rasanten und spektakulären Rennen zur Schau stellen.

Alle Einfallstraßen führen Richtung Promenade und können mit 80 km/h befahren werden. Mittlerweile, durch die hohe Anzahl an Todesopfern im Verkehr, steht alle 500 bis 1000 Meter ein Blitzgerät. Häufig sehen wir Autofahrer, die mit dem Handy telefonieren oder Nachrichten während der Fahrt eintippen. Verboten ist das auch hier. Rechtsverkehr vereinfacht das Fahren – dachte ich, doch weit gefehlt: Das funktioniert nur, wenn sich jeder an die Regeln hält. Nehmen wir zum Beispiel die unzähligen Kreisverkehre, die es hier gibt. Drei Spuren allemal. Während der Stoßzeiten des Berufsverkehrs eine hilfreiche Sache. Ich fahre hinein, genieße den untergehenden glutroten Sonnenball und urplötzlich schneidet mich ein anderer Autofahrer. Blinker setzen – weit gefehlt! Vollbremsung Gerade noch mal gut gegangen. In den ersten Wochen unseres Aufenthalts hatte ich gehörigen Respekt vor diesen Kreisverkehren. Nach fünf Jahren UAE-Fahrpraxis fahre ich jetzt jedoch, wie mein Mann sagt, *einen steilen Zahn*. Ich hupe, schneide und gebe Lichtzeichen wie andere Autofahrer auch. *Schwimmen Sie auf der Welle, sonst gehen Sie unter* ist mein Motto. Sicher steht man als Fußgänger bei so einer Fahrweise länger als geplant am Zebrastreifen. Planen Sie, wenn es Sie mal als Fußgänger dorthin verschlagen sollte, einfach mehr Zeit ein und ihr Leben wird automatisch verlängert.

Beim Überqueren der großen vier- oder sechsspurigen Fahrbahnen gab es in den letzten Jahren zunehmend Todesfälle. Die Regierung zog daraus die Konsequenz, dass jetzt zwischen den Fahrbahnen kilometerlange Zäune gezogen werden, um ein unerlaubtes Überqueren der Straßen zu unterbinden. Und das durch die ganze Stadt.

Mittlerweile ziehe ich die leisen und ruhigen Gegenden dem Getümmel und laut quietschenden Reifen vor, denn auch das gibt es hier: sandfarbene Prachtvillen in überdimensionalen Ausmaßen, gediegene Moscheen und Stadthäuser, die sich anmutig in die Landschaft aus Sand und Wasser einpassen. Ruhige Ecken, die meine Tochter und ich beim abendlichen Lauf- und Fitnesstraining erkunden.

Aus Mangel an Fahrradwegen ist nur ein Fahren auf den Gehwegen möglich. Hierbei entdecken wir immer wieder neue Seiten dieser Stadt: einmalig schöne arabisch anmutende Haus- und Fassadengestaltung lassen uns oft anhalten und die Pracht genießen. Manchmal steigen wir vom Rad und nehmen zu Fuß verschiedene Perspektiven ein, um das Abendlicht und die sich in den Fenstern spiegelnde untergehende Sonne aus unterschiedlichen Richtungen einzufangen. Die Mehrzahl der Villen ist von Steinmauern umgeben. Die großen Einfahrten weisen den Besitzern und Besuchern den Weg ins Innere. Meisterhaft geschmiedete Hoftore runden dieses Ensemble geschmackvoll ab. Meist umsäumen Bäume, Sträucher und Blumen diese Gebäude und was nicht in die Höhe wächst, gedeiht in die Breite. In *Al Mushrif*, wo wir seit fünf Jahren leben, weisen die Häuser allenfalls vier Etagen mit einem breiten Grüngürtel auf.

Doch nicht nur entlang der *Corniche* können wir uns am Grün erfreuen, sondern auch in den unzähligen Parks um das Stadtzentrum. Scheint tagsüber das Bild von einigen wenigen Besuchern mit ihren

Kindern geprägt zu sein, nimmt es zur Abendzeit enorme Ausmaße an. Kurzparker versperren die Straße, mit *aller Zeit der Welt* entladen Männer die Kofferräume, ihre Frauen mit den Kindern und *Maids* tragen Körbe, Stühle und Tische unter die Bäume – Picknick bei lauen 35 Grad ist angesagt. Oft sehen wir diese Völlerei bei unseren abendlichen Runden durch das Wohnviertel. Gutturale Laute und Kindergeschrei dringen an unser Ohr und mischen sich mit dem Duft nach gebratenem Lamm und Shishapfeifen. Ein Bild das wir so schnell nicht vergessen. Bis weit in die Nacht hinein erschallen die Geräusche und langes Aufbleiben für Klein wie für Groß ist in diesem Land die Regel und nicht die Ausnahme.

Die Abende und Wochenenden sind hier heilig und gehören genauso zum geschäftigen Alltag. In Grüppchen sitzen schwarz verschleierte Frauen und weiß bekleidete Männer zusammen. Etwas entfernt davon die *Maids* mit den Kindern. Hinzu kommen die in bunte Gewänder gehüllten Inder, Nepalesen, Bangladeschis, Engländer, Neuseeländer, Deutschen, Libanesen und andere Nationalitäten. Ein friedliches und farbenprächtiges Bild ergibt sich für uns. Die milden Abendtemperaturen nutzen die Familien, um mit ihren Jungs Fußball und Verstecken oder mit den Mädchen Gummitwist zu spielen.

Auch zu Hause sitzen die *Locals* gerne draußen. Sie machen es sich auf Bänken, die unter Bäumen stehen, bequem – egal ob sich daneben eine stark befahrene Straße befindet; Hauptsache zusammen sein. Meist trinken sie arabischen Kaffee, rauchen und unterhalten sich. Oder sie treffen sich in ihren typischen Beduinenzelten, *Majilis* genannt, die neben ihren Häusern aufgebaut stehen. »Schau mal, siehst du die Falken auf ihren Sitzstangen?«, rufe ich meinem Mann zu, als wir spazieren sind. Auch den stattlichen Vögeln, die Teil der Familie sind, gebührt ein adäquater Platz neben dem Zelt.

Für uns gibt es kein altes, traditionell arabisches Abu Dhabi, sondern eine neue, zu entdeckende und spannende Stadt. Ein markantes weißes, historisches Gebäude ist das *Fort Qasr al Hosn*, welches heute umzingelt von Hochhäusern *downtown* zu bewundern ist. Wie eine Trutzburg liegt es im Herzen der Stadt und wird als Kulturgut erhalten, restauriert und einmal im Jahr für eine Großveranstaltung geöffnet.

Dank der damaligen und jetzigen Herrscher können wir über zehn Tage lang die Traditionen der *Emiratis* sehen und selbst erleben. Kamelreiten, *Dhow*-Boote bauen, kochen, schmieden und einen Schulbetrieb können die Kinder besuchen. Selbst Hand anlegen ist das Motto. Viele *Locals* sind dieser Tage mit ihren Familien unterwegs. Bei unseren Rundgängen werden wir immer wieder angesprochen und in ein Gespräch gezogen. Meist kommt die Frage auf, woher wir stammen. »Germany« ist die Antwort und wir haben nie ein schlechtes Wort über unser Heimatland gehört. Meist verbinden die *Emiratis* mit Deutschland *München* und *Berlin*, *Schwarzwald* und *Alpen*. *Nice people* und *friendly* sind weitere Beschreibungen. Diese Menschen hier wirken stolz mit ihrem erhobenem Haupt, sind offen für ihre Gäste und trotzdem unnahbar. Immer bleibt eine scheue Distanz bestehen.

Mein Mann grinst, wenn ich mit dem klassischen Profil der emiratischen Männer und ihrem guten Aussehen anfange: meist groß von Gestalt mit einem markanten Gesicht, leichter bis stark brauner Tönung der Haut und einem akkurat gestylten Bartschnitt – wie mit dem Lineal gezogen. Dazu das *Kopftuch* und die langen Gewänder in blauen, braunen, gelben und weißen Farbnuancen. Die Frauen sind in Schwarz mit reichhaltigen Verzierungen ihres Überwurfes; hohe Schuhe allemal und eine schicke Handtasche noch dazu. Ihre Gesichter, die die Frauen nur selten bedecken, erstrahlen meist ohne Falten und die Haut spannt sich über hohe Wangenknochen in einem dezenten Make-up.

Anhand einer Ausstellung können wir die Entwicklung der Stadt und ihrer Bevölkerung nachvollziehen. Voranschreiten der Infrastruktur einer City, die am Reisbrett entworfen wurde, und ihrer potenziellen Führer auf dem Weg von einem Jahrtausend in das nächste.

Eingezäunt und gepflegt werden auch die Begräbnisstätten der *Emiratis*, die aber nur von Einheimischen besucht werden können.

Charakteristisch sind die vielen kleinen und großen Gebetshäuser, die ihren Höhepunkt in der Sheikh-Zayed-Moschee finden. Das Monument ist das achtgrößte der Welt und wurde 2007 feierlich eröffnet. Das Gelände umfasst rund 55 Hektar und ist am Ende der Hauptinsel, gegenüber vom Festland gelegen. Gerne fahren wir mit unseren Gästen hierher und können uns immer wieder aufs Neue an den Malereien, Knüpfereien und Mosaiken erfreuen. Frauen und Männer gehen durch getrennte Eingänge ins Innere. Für uns ist das Tragen einer *Abaya* und eines Kopftuches Pflicht. Mit Ehrfurcht betrachtet meine Tochter die Verzierungen, den Marmor und riesige Kronleuchter, die unter anderem in Deutschland angefertigt wurden. Nachts sind die Kuppeln, nach Stellung des Mondes, dezent bestrahlt. *Father Zayed* ist hier begraben worden und ganzjährig werden an seinem Mausoleum Koranverse vorgetragen. Der geordnete Aufruf zum Gebet erfolgt aus dieser Moschee und wird weit in die Stadt multipliziert. Zu Fuß oder mit dem Auto sind die Gebetshäuser für die Gläubigen schnell zu erreichen. Der „Singsang" erfolgt traditionell in arabischer Sprache. Wenn wir mit dem Rad unterwegs sind, halten wir an und lauschen den Klängen. Ich liebe die gesangsähnlichen Strophen, auch wenn ich davon kein Wort verstehe. Die Rufe rühren mich an und bringen eine Saite zum schwingen, die ich zwar kenne, aber oft nicht wahrnehme. Wehmut und Freude ziehen dann in mir auf und lassen ein großes, übergeordnetes Verbindendes erahnen.

Jedes Jahr verändert sich das Stadtbild aufs Neue. Der Sand, die Sonne und die feuchte Luft tragen zu einem vorzeitigen Verfall der Steingebilde bei. Häuser werden abgerissen und wieder neu aufgebaut, Straßen gerichtet und in 20 Jahren soll es weitere Wohnungen und Häuser für mehrere Hunderttausend Menschen geben.

Noch gibt es die vielen kleinen *Groceries*, die sich im Erdgeschoss der Häuserzeilen angesiedelt haben. Gerne gehen wir dorthin, um schnell ein Wasser oder etwas Süßes für unterwegs einzukaufen. Den Großeinkauf erledigt mein Mann jedoch bei den Supermarktketten: *LuLu, Carefour* oder *Spinneys*. Staunend betrachtete ich die reichhaltige Vielfalt an Obst, Gemüse und Fleisch. Rind-, Ziegen- und Lammfleisch aus Indien, Neuseeland oder Holland neben Kamelfleisch aus den UAE und sogar hormonfreies Fleisch von glücklichen Tieren aus Australien ist zu finden. Mein Mann tingelt mehrmals die Woche gerne die Läden und Regale in den Nachtstunden ab. Oft kommt er mit neuen exotischen Zutaten nach Hause. Seine beliebte Einkaufszeit fängt weit nach 20 Uhr an. Die Geschäfte haben zum Teil rund um die Uhr geöffnet.

Dadurch, dass viele Europäer in den UAE leben, hat die Regierung veranlasst, auch deren Güter ins Land einzuführen. Produkte aus Europa sind genauso zu finden wie aus dem amerikanischen oder asiatischen Raum. Plötzlich identifizieren wir uns mit Sauerkraut und Kartoffelpüree oder Linsen mit Spätzle. Das schmeckt uns auch bei 40 Grad im Schatten oder im Winter, wenn vermehrt Regen fällt und der Himmel bedeckt ist.

Jährlich regnete es in der Stadt zwischen 0,8 und 0,9 mm. Nicht gerade viel, doch die Kinder freuen sich darauf. Sie rennen mit ausgebreiteten Armen wild umher und schreien: »Its raining, its raining.« Allen voran meine Tochter. Sie ist auch mit zwölf Jahren noch ganz verrückt nach Regen und nicht ins Haus zu bekommen, wenn das Nass vom Himmel fällt. Danach haben die *Maids* und die

Maintanance viel zu tun, da die Tropfen mit Staub und Dreck beladen sind. Autos, Häuser und Straßen sind dann extrem schlammig. Die Wäsche, die auf der Leine vergessen wurde, benötigt eine wiederholte Waschung. 2016 regnet es mehr als 20 ml/m². Das erste Mal seit 27 Jahren. Natürliche Kraft oder vielleicht ein Dank an die *Regenmacher* in Dubai – auch eine Art sich Wasser zu beschaffen. Die Folge sind schwere Gewitter und massive Überschwemmungen sowie umgestürzte Bäume. Da können die Kleinwagen schon mal bis zum Fenster im Wasser stehen und Blechteile durch die Gegend wirbeln. Wir bleiben dann im Haus, das ist sicherer. Auch vor dem Hintergrund, dass viele Autofahrer dann ein befremdliches Fahrverhalten an den Tag legen und Unfälle vorprogrammiert sind. Schnell und dicht auffahren, egal welche Wetterbedingungen gerade herrschen, ist hier die Regel. Nach solch einem massiven Wolkenbruch will auch des Besitzers liebstes Kind, das Auto zu seinem Recht kommen und gepflegt werden. Hier lässt man waschen und das zum Teil täglich. Mein Mann sieht das gar nicht ein: »Wo kommen wir denn da hin, jeden Tag das Auto waschen zu lassen!« Er fährt nur nach Bedarf in eine Autowaschanlage nach *Mussafah*. Die Angestellten, meist Inder und Bangladeschis, kennen ihn schon und er setzt sich gerne zu ihnen auf eine Tasse Tee, während das Auto von innen und außen verhätschelt wird – denn auch einem Auto soll es in den UAE gut gehen und mithin den Autowäschern. Bei einem Wasserpreis von umgerechnet 1,45 Euro – Strom kostet 5 Cent je kWh, fallen diese Schönheitspflegen nicht weiter ins Gewicht. Betrachtet man jedoch die Lage des Landes und die Wasserknappheit, dann wohl schon. Ein aktuelles Thema, das überaus ausbaufähig ist und Entwicklungsmöglichkeiten bietet.
Was im Moment noch zahlreich ausfällt, sind die reichen Fischgründe vor den Wassertoren des Landes. Täglich fahren Fischerboote aufs Meer und kommen mit reichem Fang zurück. Bereits zu

frühen Stunden geht es rege auf dem Abu Dhabier Fischmarkt zu. Da wird gefeilscht, geschrien und gerichtet. An einzelnen Tischen, die in kleinen Kabinen wie in einem Geschäft stehen, türmen sich Rochen, Tintenfische, Makrelen, Aale, Shrimps, Muscheln, kleine Haie, Thunfische, Red Snapper und Barsche. Nicht nur einheimische Fischarten kann man hier kaufen, sondern auch aus den verschiedensten Regionen der Welt. Im hinteren Teil der Markthalle sitzen die Männer, die die Fische direkt ausnehmen, die Schuppen abschaben und alles küchenfertig machen. Danach bekommt man die Waren in einer Plastiktüte und geht direkt zum Grillshop am Eingang. Dort werden die Fische servierfertig gegrillt oder gebraten.

Da das Verspeisen nur im Stehen möglich ist, empfehle ich einige Schritte zu gehen und am Pier, hinter der Halle, in ein kleines Fischrestaurant einzukehren. Von außen sieht es nicht einladend aus. Wer auf fünf Sterne besteht, sollte dort nicht einkehren. Die Eingangstür aus Glas könnte schon mal eine Reinigung vertragen und der Unrat davor ist auch nicht zu verachten. Die bröckelnde Hausfassade tut ein Übriges für den schlechten Eindruck. Doch das schreckt meinen Mann und später auch mich nicht ab, im Gegenteil, denn alleine waren wir dort nie. Häufig gehen die Einheimischen dort essen, aber auch Afrikaner, Philippiner und Europäer haben wir getroffen. Lautstark geht es zu und in einem bunten Kauderwelsch wird gequatscht. Manchmal tauschen wir die Tische, wenn eine größere Gruppe hereinkommt. »No problem!« Immer wieder: »No problem!« Und das stimmt auch. Die Kunststofftische werden nach jedem Gast mit einer neuen Wegwerf-Plastikdecke abgedeckt. Ein Kommen und Gehen. Die Klimaanlage stöhnt laut über die feuchtwarme Luft. Meist essen wir verschiedene Reissorten und über dem Feuer gegrillte Shrimps mit einer superleckeren Marinade und *Fattoush*. Selbstverständlich alles mit den Händen. Wenn wir satt sind, heißt das noch lange nicht, dass wir alles gegessen haben, da die Reis- und Salatportionen überdimensionale Ausmaße annehmen können. Dann kommt die Küchenhilfe, leert vor unseren Augen einfach alles auf das Tischtuch, bindet dieses zusammen und ab geht's in den Müll. Irgendwie passt es zu dieser ungezwungenen Atmosphäre und *Knigge* braucht man auch nicht immer. Für den körperlichen Komfort gibt es Waschbecken und Toiletten. Nichts Supermodernes, aber einfach und sauber. Der Bedienung ist von unserer Seite ein gutes Trinkgeld sicher, denn immer sind sie freundlich, nett und äußerst hilfsbereit.

Gleich gegenüber der Fischhalle bietet sich ein Gang über den Obst- und Gemüsemarkt an. Häufig stehen die arabischen Händler aus der Oase Al Ain an ihren Pick-ups und verkaufen direkt von der Pritsche ihre am Morgen geerntet Ware. Ein bisschen handeln und schon wechseln die Naturgüter ihren Besitzer. Im Anschluss folgt der Blumenmarkt, der über eine außerordentliche Anzahl von sonnenresistenten Pflanzen für die Erde oder den Topf verfügt. »Hi Madam, have a look. Come in please«, werde ich häufig angesprochen. Gehe ich erst einmal in das Geschäft hinein, ist es nicht so einfach es wieder zu verlassen, ohne etwas zu kaufen. Wir haben hier schon Blumen, Büsche und Topfpflanzen für unseren Garten erworben. Meist handelt mein Mann, da es mir peinlich ist, den Preis, den ich sowieso schon als gering empfinde, weiter zu drücken. Doch gerade dieses monetäre Spiel macht auch den Reiz in der arabischen Welt aus. Wird auf der einen Seite mit einem gelben Blatt und einem Kratzer am Topf argumentiert, bringt die andere Seite die Kosten für Wasser, Dünger und Aufzucht ins Spiel. Manchmal klingt es nach Beleidigung, wenn wir nicht handeln, sondern gleich den Preis bezahlen wollen.

Mehr Pflanzen gibt es in Al Ain, der Geburtsstadt von *Father Zayed*. Die Oase liegt an der Grenze zum Oman und ist die grüne Lunge der UAE. »Oh ist das schön«, höre ich immer wieder von meiner Tochter und meinem Mann, wenn wir dorthin fahren. Ein sattes Grün. Diese Farbe vermissen wir wirklich. Einfach schnell in den Wald marschieren und frische Luft einsaugen – das geht hier nicht. Was wir einsaugen, sind die Besichtigungen von Gärtnereien und einem wunderschön gelegenen Zoo. Verschlungene Pfade führen an groß angelegten Weidenflächen für Giraffen und Dickhäutern vorbei. Exotische Pflanzen runden das Stimmungsbild ab. In der Ferne sind die bizarr erscheinenden Felsen des Omans sichtbar. Zum Picknick setzen wir uns unter einen der vielen Bäume und beobachten die Vögel, die zutraulich an unsere Decke hüpfen, um einen Krümel zu ergattern. Zurück in der Großstadt pulsiert das Leben und es gibt keinen Stillstand. Da die Oase zu weit entfernt ist, um wöchentlich dorthin zu fahren, suchen wir Ruhe zu Hause im Garten oder auf einem der Balkone, am Meer oder in einer der wenigen Museumslandschaften auf *Saadiyat Island*.

Mehrmals im Jahr klopft ein Sandsturm aus der Wüste an und treibt sein Gut Richtung Küste. Dann machen wir *die Schotten dicht*. Zumindest so gut es geht. »Häng bitte keine Wäsche raus«, rufe ich meinem Mann noch zu, als er nach oben geht, um die Waschmaschine zu aktivieren. »Sonst wäscht du morgen gleich nochmals!« Die Luft ist beladen mit Staub und Dreck und dieser dringt überall ein. Im Flur knirscht es dann bereits und die Sohlen meiner Hausschuhe sind nicht mehr braun, sondern gelb. Jede noch so kleine Öffnung am Haus lässt Luft herein. Es pfeift ums Haus und die Äste der Bäume im Garten biegen sich im Wind.
Nach kurzer Zeit ist der Spuk vorbei. Dann geht's ans Aufräumen und Müll sowie Sand wegschaffen. Die Straßen und Parkanlagen werden wieder von Arbeitern aus Indien oder Pakistan gekehrt, die dick vermummt ihren Körper gegen die Hitze und den Wind schüt-

zen. In endlos wirkenden Schleifen ziehen sie mit ihren Tonnen und Besen durch die Stadt. Überall wird gekehrt, gesäubert und gefegt. Mittags ruhen sie sich unter den Bäumen aus und verschlingen ihre Mahlzeit. Abends, nach getaner Arbeit, werden alle Arbeiter, sortiert nach Wohneinheiten, in weißen Bussen abgeholt und zu ihrer Unterkunft gefahren. Meist wohnen sie außerhalb in einer *Containerstadt*. Die Tätigkeit und Beförderung zu den Herbergen ist streng hierarchisch gestaffelt und nach Nationalität und Geschlechtern getrennt. Etwas besser verdienende Angestellte, zum Beispiel Bedienungen aus den unzähligen Cafés und Restaurants, werden in kleinen grauen Bussen hin und her gefahren. Andere gehen zu Fuß oder können sich ein Auto leisten.

Über die City verteilt stehen eine Menge Müllcontainer. Manchmal haben wir tatsächlich die Möglichkeit, den Müll zu trennen. Ich beobachte aber oft, dass unsere Bemühungen, nachhaltig zu Trennen, sich in Luft auflösen, denn der Abfall wird im Anschluss in einen großen Behälter gekippt. In unserem Haushalt trennen wir nur Papier vom Restmüll. Mehr ist nicht möglich. Zu Beginn unseres Aufenthaltes war ich regelrecht geschockt, über die nichtvorhandene Mülltrennung. Bei unserem Kurzurlaub im Februar 2011 hatte ich die fehlende Mülltrennung nicht wahrgenommen, die ich jetzt vermisse. Zu lange bin ich durch das Duale System in der Heimat geprägt worden. Als Müllbeutel nehmen wir die unzähligen Plastikbeutel, die wir beim Einkaufen in den Supermärkten bekommen. An jeder Kasse steht ein Helfer. Seine Aufgabe ist es, unseren Einkauf in Tüten zu verstauen. Das macht aus seiner Sicht sicher Sinn: Gefrorenes in eine Tüte, Obst in eine andere, wieder eine für das Gemüse, eine vierte für Sanitärartikel und so geht es fort bis die Ware, je nach Einkauf, in rund 15 Tüten verstaut ist. Mittlerweile setzen wir den Slogan *Jute statt Plastik* vermehrt ein, um einen kleinen Beitrag zum Umweltschutz zu leisten. Manche Kassiererin schaut verwundert und belächelt uns. Derweil hat die Regierung vermehrt auf *biodegredable Bags* gesetzt; ich habe es getestet: die Tüten zerfallen innerhalb von sechs Monaten in kleine Stücke.

Der Wollfaden im hinteren Winkel des Schrankes verhält sich ruhig. Nur manchmal ist ein zaghaftes Klopfen zu hören. Es scheint mir, als ob er sagen will: *Ich bin noch da, bewege mich, aber raus will ich noch nicht.* Vielleicht später?

Stimmt die Note, stimmt die Chemie

People are the foundation of any urban development.
No matter how many buildings, schools and hospitals
we built or how many bridges we lay
or beautiful things we create,
all of this remains an empty shell,
devoid of spirit, and without a future.
The spirit is the people, people enabled by their ideas,
creativity and skills to shape these institutions
and develop and grow with them.
Sheikh Zayed Bin Sultan Al Nahyan,
founder of the UAE

في أقوى بهدوء — »Kannst du das lesen?«, fragt mein Mann.
»Nein.« Aber das macht nichts, das können andere, zum Beispiel meine Tochter.
»Mama, muss ich jetzt Arabisch lernen?«, fragte mich meine Tochter nicht nur einmal. Eine Sprache, die ihr so fremd war, wie die Vorstellung, auf den Mond zu fliegen: anderes Alphabet, andere Laute und dann werden die Sätze auch noch von rechts nach links geschrieben und gelesen.
Insgesamt hat sie vier Sprachen zu lernen: Deutsch, Englisch, Französisch und die Landessprache. Leicht fällt ihr das nicht. Bekanntlich hängt die Begabung nicht nur vom kognitiven Verständnis und IQ eines Schülers ab, sondern auch sehr stark von der Persönlichkeit des Lehrers. Im Fach *Arabisch* ist meine Tochter einem steten Wechsel ausgesetzt. Über die Jahre wiederholt sie mehrmals das arabische Alphabet und die Zahlen bis 10. Nach fünf Jahren kann sie Sätze wie: *Wie geht es ihnen? Guten Morgen! Guten Abend! Wie heißen Sie? Wo wohnen Sie?* und *Was machen Sie beruflich?*,

die Wochentage und Monate sowie Begriffe des täglichen Lebens fließend sprechen und schreiben.

Auch ich habe mir einige Worte angeeignet, die ich gelegentlich im Unterricht einfließen lasse. Zum einen das Wort *Hallas* (gesprochen *Challas*, mit einem geröchelten *Ch*), was so viel wie *Schluss, aus, Ende* bedeutet. Zum anderen *yalla* in der metaphorischen Übertragung *schnell, auf geht's, los*. Der Begriff leitet sich von *Ya Allah* ab, eine Art Interjektion, eine Verstärkung der Preisung Gottes. Für mich zwei wichtige Vokabeln bei pubertierenden und nicht pubertierenden Schülern und bei meiner Tochter!

An der deutschen Schule in Abu Dhabi ist im Curriculum bis einschließlich Klasse 10 das Fach Arabisch für alle Schüler verbindlich zu belegen. Ab der Oberstufe erfolgt es auf freiwilliger Basis und ermöglicht, sofern es weiterhin belegt wird, eine externe Prüfung und die Möglichkeit an einer hiesigen Universität zu studieren. Für die Jahresdurchschnittsnote im Zeugnis der Sekundarstufe I ist diese Note jedoch nicht relevant.

Die Kerncurricula für deutsche Schulen im Ausland haben in der Regel im Auftrag des *Bund-Länder-Ausschusses* (BLASchA) ihre Lehrplanbasis in Anlehnungen an innerdeutsche Curricula. Das heißt, die Curricula der Schule in Abu Dhabi sind an die Bundesländer Baden-Württemberg und Thüringen angelehnt. Hier werden die fachlichen Inhalte verbindlich für die Klassen 1 – 12 festgelegt. Zusätzlich kommt für jedes Fach noch ein spezifisches Schulcurriculum mit methodischen Ausarbeitungen dazu. Unsere Aufgabe als Lehrkörper ist es nun, diese Inhalte aufzubereiten und in unterschiedlichsten Varianten an den Schüler zu bringen. Gelernt haben wir das Handwerkszeug in mühevoller Kleinstarbeit während eines Referendariats. Doch damit hört das Wie, Warum und Wieso nicht auf. Eigentlich ging und geht es ständig weiter. Schule und Lernen sind ein Prozess, der nicht mit dem Schulabschluss aufhört, sondern uns lebenslang beschäftigt – wenn wir denn wollen.

Das Recht auf Bildung ist seit 1948, als die Vereinten Nationen in einer Generalversammlung in Paris zusammenkamen und eine *Allgemeine Erklärung der Menschenrechte* verkündeten, festgeschrieben. Bildung war und ist jedem Menschen, ob reich oder arm, zu gewähren. Als durch die staatliche Institution vereidigter Lehrer setze ich diese Grundrechte täglich um, egal ob ich im In- oder Ausland arbeite, denn ohne entsprechenden Schulabschluss ist es fast unmöglich eine Ausbildung, sei es nun Lehrzeit oder Studium zu beginnen. Erst im Alter wird das anders. Bereits heute freue ich mich darauf, wieder an die Universität zurückzugehen, um dort Vorlesungen zu besuchen, die mich ganz spezifisch interessieren. Frei von jeglichem Schein- und Notenjagen, denn das wird dann plötzlich unwichtig. Doch bis zum ersehnten Pensionsdasein, habe ich noch mehr als ein Jahrzehnt abzuleisten.

Steht nun ein junger Mensch vor mir, hat er in seiner Lebenswirklichkeit andere Ziele. Er ist interessiert einen Schulabschluss zu erlangen und wenn nicht er das Interesse hat, dann zumindest seine Eltern. Ansonsten ist er mit sich und seiner nahen und weiteren Umgebung beschäftigt. Da unser Schulsystem die Menschen nach ihren intellektuellen Fähigkeiten einstuft, hat ein Jugendlicher auch im Ausland die Möglichkeit den Haupt- oder Realschulabschluss oder das internationale Abitur zu erwerben. Von den Umstrukturierungen aus Deutschland bezüglich *Werkrealschule* ist hier nichts zu spüren. Nur das Thema *Ganztagesschule* wird in der Schulgemeinschaft diskutiert. Hinzu kommt, dass deutsche Schulen im Ausland nach Regionen aufgeteilt sind und eng in der Sekundarstufe II zusammenarbeiten. Mit den Kooperationsschulen *Istanbul, Dubai* und *Teheran* wird seit fünf Jahren das regional verbindlich schriftliche Abitur durchgeführt. Weiterhin wurde – nachdem der *BLASchA* im

Jahre 2006 den Auftrag erteilt hatte, ein verbindliches Kerncurriculum für die Auslandsschulen zu erstellen – diese Arbeit an die jeweiligen Fachlehrer delegiert. Und schon war ich mitten im Geschehen.

Als ich am 24. August 2011 an der *GIS* in Abu Dhabi startete, war ich voller Freude und Ahnungslosigkeit. Mein Entdeckungsdrang wischte alle Zweifel beiseite. Dabei durchströmte mich Wärme, aus der ich Zuversicht, Lebenskraft und Stärke schöpfte. Eine Gabe, die ich schon oft in meinem Leben verspürt hatte und die meinen Betätigungsdrang in schwindelnde Höhen trieb. Wenn dann ein kleines Lüftchen wehte, empfand ich es als frische Brise. Artete der Wind zu einem Orkan aus, war ich gezwungen in tiefere Regionen hinabzusteigen. Trotz Sonne, Strand und Meer: Ein *Abstieg* war bereits nach einem Jahr in Sicht. In meinem linken Ohr hatte sich ein Tinnitus eingenistet und um meine Wirbelsäule war es auch nicht mehr so gut bestellt. Klage ich auf hohem Niveau?
Zu einem 25,5-Stunden-Deputat – das ist die Zeit eines Lehrers, die er im Unterricht, böse Zungen behaupten *am Kind*, tätig ist – kommen noch die endlosen Nachmittags- und Nachttermine. Bereits im ersten Winter entwarf ich Abituraufgaben und Kerncurriculum für jeweils beide Fächer. An Ausspannen und Erholung war also nicht zu denken und ich marschierte ziellos in meinem Arbeitszimmer auf und ab. Guter Rat war teuer, denn bis dahin hatte ich so etwas auch noch nicht gemacht.
Hilfe versprach ich mir von zwei Kollegen die, speziell als Multiplikatoren für die Erstellung der Curricula, im Herbst eine Woche in Kairo unterwegs waren. Leider waren meine Erwartungen zu hoch geschraubt, denn beide brachten keine brauchbaren Anweisungen für die Gerüstsubstanz meiner Fächer mit. Als der Frust und die Stagnation in den Ferien zu groß wurden, rief ich einen unserer

Multiplikatoren an – die Familie lebte nur 50 Meter Luftlinie von uns entfernt – und bat ihn auf einen Kaffee, um mit mir die Rahmenbedingungen, also das *Layout* durchzusprechen. Das Gespräch war in 30 Sekunden erledigt, da ich mit wenigen Worten abgespeist wurde. Mittlerweile hatte ich rund 20 Jahre Berufserfahrung hinter mir, zwar nicht im Schulsektor, doch in der Bildung von Menschen und im sozial-pflegerischen Bereich. So eine kurze, unfreundliche und vor allem unkollegiale Abfertigung vonseiten eines Kollegen hatte ich bis dahin noch nicht erlebt. Ein ohnmachtsähnliches Gefühl brach über mich herein. Ich zitterte vor Angst, den Aufgaben nicht gewachsen zu sein. Dann vor Wut und Ärger.

Die anschließenden Magen- und Nierenschmerzen kurierte ich mit einer klassischen Methode aus: Ackerschachtelhalm-Sitzbad; ein Kraut, das in Deutschland heimisch ist und von mir gepflückt, getrocknet und legal ins Land eingeführt wurde. Sicher wunderten sich die Beamten am Zoll über die kleinen grünen, wie Nadeln aussehenden Triebe, doch die Drogenhunde hoben nicht einmal den Kopf. Ich weichte die Kräuter zwölf Stunden in Wasser ein, kochte den Sud und badete darin. Meist verzog ich mich auf die Dachterrasse bei 30 Grad im Schatten. Ich schwitzte innerlich und äußerlich meine Seelenqualen in jeweils 20 Minuten heraus und überdachte meine weitere Strategie.

Ich besann mich, nahm Kontakt mit Kollegen in Istanbul auf und bat diese um Unterstützung. Dabei war mir das digitale Medium eine große Hilfe. Doch in den Ferien ging nichts mehr und die Zwangspause dehnte sich bis zum Schulanfang im Januar aus. Diese wider Erwarten freien Tage nutzten mein Mann und ich. Wir packten unsere Koffer und fuhren mit dem Auto Richtung Norden. *Musandam* im Oman war unser Ziel. Zeitgleich flog der Vater meiner Tochter ein und die beiden verbrachten einige Tage in trauter Zweisamkeit, was er übrigens jedes Jahr tut. Er kann frei über unsere

Villa verfügen. Während dieser Zeiten legen mein Mann und ich weitere Kurztrips nach Indien, Sri Lanka und Thailand ein. Jedem von uns hat diese Auszeit gutgetan und meine Tochter war selig, ihren Vater einmal im Jahr zu sehen. Der Abschied fiel ihr jedes Mal sehr schwer. Wie nie zuvor nutzen wir das Medium *Skype*, um mit Freunden und der Familie in der Heimat Kontakt zu halten.

Nach den Ferien unterstütze mich zusätzlich zu den Istanbuler Kollegen mein erster Mathe-, Physik- und Oberstufenleiter. Er gab mir seine Curriculumfassung als Vorlage und ich bastelte an mehrseitigen Papieren, wofür in Deutschland allein die örtlichen Behörden (zum Beispiel in Baden-Württemberg das Kultusministerium) zuständig sind. Tags unterrichten, nachts schreiben. So kam es, dass meine Familie in den Hintergrund und der Alltag beharrlich in den Vordergrund rückte. Dieser Prozess ging schleichend und vor allem stetig voran. Inzwischen hatte ich täglich höchstens ein bis zwei Stunden Zeit für meine Familie, manchmal sogar noch weniger, und es blieb bei einem schnellen »Gute Nacht« für meine Tochter. Anschließend arbeitete ich noch weit bis nach Mitternacht am Schreibtisch. Gerade mal vier bis fünf Stunden Schlaf waren zu dieser Zeit noch drin.

Arbeiten unter Extrembedingungen war ich von Kindesbeinen an gewohnt. Natur pur mit ökologisch einwandfreiem Wirtschaftssektor hatte mich arbeitstechnisch abgehärtet. Doch in diesem Land, an dieser Schule, nahm es exorbitante Züge an und ich stieß an die Grenze meiner Möglichkeiten. Innerlich fühlte ich mich mehr denn je zerrissen und traurig. Eine Rabenmutter war ich: saß nicht nach der Schule mit meiner Tochter zusammen, um Hausaufgaben zu erledigen oder sie mit dem Auto von Freizeitbeschäftigung zu Freizeitbeschäftigung zu kutschieren. Genau so wenig konnte ich ihr helfen, eine wirklich innige Freundin beziehungsweise Freundschaft an der Schule zu finden. Darunter litt sie massiv. Wie mir scheint, ist das ein nicht untypisches Phänomen an Auslandsschulen: viele Kontakte, wenig Tiefe; jeder ist auf der Durchreise, je nach Vertrag und monetären Leistungen.

Im ersten Frühling sprach mich der Schulleiter an und bat mich, für die Abiturprüfung in den Iran nach Teheran zu fliegen. Sicher doch. Eine Erfahrung, die ich wahrscheinlich nur einmal im Leben machen würde.
Die Kollegen vor Ort nahmen mich mit offenen Armen auf und ich hatte eine wunderbare Woche in dieser Stadt. Diese war so anders als Abu Dhabi; viel größer, viel ungepflegter und trotzdem von einer bizarren Schönheit mit einer Jahrhunderten alten Kulturgeschichte.
Noch vor der Landung wurden alle weiblichen Fluggäste gebeten ein Kopftuch und einen langen Mantel bis zum Knie anzulegen. Das war komisch für mich. Ich kam mir eingesperrt und unfrei vor. Gerne entscheide ich selbst, was ich anziehen möchte und was nicht. Speziell das Kopftuch engte mich ein. Zudem waren die Temperaturen im Mai bereits im zweistelligen Bereich angelangt und ich schwitzte gehörig.
Auch diese Schule war von einer hohen Mauer umsäumt. Davor war ein Wachposten mit Gewehr postiert, was ich übrigens an jeder Straßenecke sah. Innerhalb des Geländes gab es mehrere Gebäude für Kindergarten, Grundschule und Sekundarstufen. Ein Tennisplatz; nebenan, nur durch eine Mauer getrennt, war bis 2011 die britische Botschaft mit Botschaftsschule angesiedelt. Diese wurde bei einem Putsch im Winter 2011 von Demonstranten gestürmt. Es ging um Sanktionen durch Großbritannien wegen der iranischen Atompolitik und die Ermordung eines iranischen Atomexperten. Die Miliz griff ein. Es kam zu Auseinandersetzungen und der Schließung der Botschaft. Heute werden die englischsprachigen

Kinder von der deutschen Botschaftsschule mit verwaltet und beschult.

Der Umgangston an der Schule war locker und von einer heiteren Atmosphäre geprägt. Der Schulleiter hatte immer ein Späßchen auf Lager und wollte mich partout abwerben. Wären da nicht die hohe Luftverschmutzung, der Drogenkonsum der Bevölkerung (u. a durch die Gastarbeiter aus Afghanistan geschmuggelt), geringe politische Stabilität und noch so dies und das gewesen.

Zusammen mit dem Prüfungsbeauftragten aus Deutschland (Ministeriumsbeauftragter) hielt ich eine Prüfung ab und konnte an dem einen oder anderen Sightseeing-Programm teilnehmen. Auch bei weiteren Prüfungen *auf den hinteren Plätzen* lernte ich, wie man Fragen entsprechend den Anforderungsbereichen gestaltet.

Der Beauftragte war ein alter Hase und hatte uns Prüfer fest im Griff. Klein von Gestalt, dünn mit Brille, fegte er wie ein Flammenball durch die Gegend, immer ein Ohr für die Belange der Schüler, für uns hier einen Tipp und dort ein: »Machen Sie das mal so!« Sein Ruf eilte ihm voraus (meine Kollegen in Abu Dhabi instruierten mich zuvor), doch ich kam blendend mit ihm aus. Von ihm konnte ich fachlich einiges lernen und so ein *harter Knochen* war er auch wieder nicht. Tagsüber trank er nur schwarzen Kaffee und die Glimmstängel schienen nicht auszugehen. Suchten wir ihn und den Schulleiter, weil die Prüfungen weitergingen, wurden wir in der Raucherecke fündig. Seinen schwarzen Gürtel in Judo hatte er aber zu Hause gelassen. Abends saßen wir gemeinsam beim Essen in persischen Restaurants und ich schmunzelte über die kleinen Sticheleien der beiden *Chefs*.

Die Physikkollegin hatte mich unter ihre Fittiche genommen und mir einige Sehenswürdigkeiten der Stadt gezeigt. Speziell der Schahpalast hatte es mir angetan: eine bizarre und eindrückliche Schönheit und doch so einfach gestaltet. Im Park wurden wir von einem Perser angesprochen, der fleißig am Übersetzten eines zehn Jahre alten *Spiegels* war. Er konnte unsere Sprache und wollte einige Worte erklärt bekommen.

Die Menschen im Iran sind ausgesprochen deutschfreundlich, wie ich unterwegs in der Stadt feststellte. Zudem lassen sie nichts über ihre Bäume kommen. Die sind so heilig, wie die Kuh in Indien. Vor dem Hotel stand einmal ein Baum im Weg. Statt ihn zu beseitigen, bauten sie einfach die Straße drum herum. Das hatte ich noch mehrmals in dieser Woche zu sehen bekommen. Und bei Strafe war es verboten Bäume ohne offizielle Genehmigung zu fällen. Die Augen waren überall, auch wenn ich keine sah!

Die Abiturfeier wurde auf deutschem Territorialgebiet, der Botschaft abgehalten und schloss eine ereignisreiche Woche für mich ab. Es wurde getrunken, was das Zeug hielt: Alkohol ist im Iran verboten und nur über die Botschaft zu bekommen.

Der obligatorische Durchfall blieb aus, dank intensiver Verhaltenstipps vonseiten der Kollegen vor Ort. Der für mich abgestellte Taxifahrer gab Gas und oft war *Stoßstange an Stoßstange* sein Motto; je enger, desto gemütlicher. Dann Fenster auf, Arm als Ersatzblinker raus, kurz mal gewunken und rasend schnell einen U-Turn nach links hingelegt. Bloß, dass wir nicht allein waren, sondern gleich drei oder vier Autos genau diese Technik an den Tag legten. Das anschließende Hupkonzert stellt je Gehörtes in den Schatten. Internationale Verkehrsregeln gab es auch hier, nur angewendet wurden sie selten. Außerdem zogen blaue Abgasschwaden durch die Straßen und die Luft schmeckte nach Blei und Benzin. Teheran ist eine Megametropole, in der westliche Güter begehrt sind aber religiöser Zwang vorherrscht.

Zurück im Flugzeug zog ich sogleich das Kopftuch ab: zu eng, zu klein, zu unfrei. Ich atmete tief durch. Die unterschwellige Angst vor der Miliz (unbegründet) und den Mullahs (unbegründet) waren meine Begleiter gewesen. Sicher ist es schwierig, deutsche Lehrer in den Iran zu entsenden, da die Angst vor Anschlägen, Milizeinsätzen und Bespitzelung in unseren Köpfen fest verankert ist und trotzdem ist es eine Reise wert.

In Abu Dhabi hielt meine gute Laune und innerliche Frische nur einige Tage an und schon fuhr ich wieder zur Arbeit und kam müde und kaputt nach Hause. Ich schleppte mich mühsam durchs Treppenhaus in mein Arbeitszimmer. Oft legte ich zuerst eine Mittagspause unten auf dem Sofa ein. An manchen Tagen zogen die permanenten Schönwetterwolken an mir vorbei und ich nahm sie nicht wahr. Sah nicht das blau schimmernde Meer mit seinen einladenden Wellen oder die gelbe Wüste mit ihrem sterngesprenkelten Himmelszelt, spürte nur selten diese eindrückliche Stille und Ruhe zwischen den Dünen. Stattdessen zerbrach ich mir den Kopf über Unterrichtsmodelle und Umstrukturierungen der Curricula. Da ich aus der Berufsschule kam und noch keine Oberstufe in Chemie unterrichtet hatte, eignete ich mir dazu auch noch das Wissen nebenher an und war den Schülern oft nur eine Stunde voraus.

Ich hatte mir einen Zustand ausgesucht, der mich fremdbestimmt und fest im Griff hielt: die Schule. Meine Tochter und mein Mann bekamen mich nur noch physisch zu Gesicht. Als mein Kind von Freunden gefragt wurde, mit was denn ihre Mama sich täglich beschäftige, antwortete sie immer: »Mama sitzt am Schreibtisch und arbeitet.« So hatte ich mir das Leben und Arbeiten im Ausland nicht vorgestellt. Sicher, schon mit Arbeit, auch etwas mehr als in der Heimat, aber so?

»Ja wie denn dann?«, wurde ich von meiner Freundin Barbara gefragt, die ich regelmäßig in den Sommerferien in ihrem Haus in Nordhessen besuchte. Eine exakte Antwort konnte ich ihr nicht geben. Nur soweit zumindest, dass ich mehr Zeit für meine Familie eingeplant hatte und auch für mich selbst. Und das ist bis heute der springende Punkt: mehr Zeit für mich, meine Interessen und Bedürfnisse. Wo ist die Zeit geblieben, die Muße, die ich in früheren Jahren verspürt hatte? Im Café zu sitzen und *DIE ZEIT* bei einem Cappuccino zu durchstöbern, ins Programmkino zu gehen und außergewöhnliche Filme zu bestaunen, Museumsbesuche zu machen und stundenlang mit Freunden beim Frühstück oder Brunch zu sitzen und über das Leben und die Liebe zu philosophieren . Gedanklich wanderte ich sogar durch verregnete Tage! Sicher, früher war ich alleine oder zu zweit und hatte automatisch mehr Zeit, da der erziehungstechnische Teil wegfiel.

Dieses Gefühl des Verlustes – oder anders ausgedrückt: des Vermissens – machte sich erst nach dem ersten Schuljahr richtig bemerkbar, doch es war da. Es kam leise, schleichend, wie eine Schlange, die kurz ihre Zischlaute von sich gibt, sich aufstellt, umschaut und dann im nahen Dickicht verschwindet. Es schwappte wie die Wogen des Meeres, die in immer wiederkehrendem Rhythmus ihren Weg zum Strand finden, in mein Bewusstsein. Die Kraft nahm zu, als sich die ersten drei Jahre dem Ende zuneigten.

Dann kam die Frage von meinem Schulleiter, der zeitgleich mit Beginn meines weiterführenden Vertrages zurück nach Deutschland wechselte, ob ich meinen Vertrag um weitere drei Jahre verlängern wollte. Zurück gehen oder bleiben? Diese Frage stellte sich uns als Familie. Ganz knapp waren wir davor, nach 36 Monaten das Land zu verlassen. Doch ich spürte, bei allem Drangsal in meinem Inneren: *Hier ist es noch nicht zu Ende.* Sicherheit bezog ich aus der Tatsache, dass ich den weiterführenden Vertrag jährlich ohne finanzielle Einbußen beenden konnte. *ADLK-Kräfte* bekommen zu Beginn ihrer Tätigkeit für Flug und Umzug eine Pauschale ausgezahlt, die bei vorzeitigem Ausscheiden in prozentualem Verhältnis zur abgeleisteten Zeit zurückgezahlt werden muss.

Doch, was nun? Sicher spielt hier mein Durchhaltevermögen eine Rolle. Bis dato hatte ich, außer einer angefangenen Promotion, alle Ausbildungen und Tätigkeiten zu Ende gebracht und das waren nicht wenige. Und ich wollte noch so viel von der Gegend sehen.
Meinen Mann zieht es ohnehin nicht nach Deutschland zurück, für ihn ist hier der Himmel auf Erden. Er teilt sich seinen Alltag als *mit ausreisender Ehemann* so ein, wie er will. Morgens Pool und Tennis, am Nachmittag Haushalt – oder andersherum. Einige Stunden arbeitet er zusätzlich in der Betreuung mit jüngeren Schülern an der Schule. Mit dem syrisch-palästinensischen Mann einer Kollegin hat er den optimalen Partner. Die beiden Männer zieht es immer wieder *downtown* in die kleinen Geschäfte, Restaurants oder nach *Mussafah*. Immer gibt es etwas zu reparieren oder die Freizeit miteinander zu gestalten. Wir Frauen gehen arbeiten. Da mein Mann als Handwerker öfters kleine unentgeltliche Aufträge übernimmt, fahren er und sein Freund, der ihn sprachlich unterstützte, viele kleine Werkstätten ab, immer auf der Suche nach Material. Oft werden sie auf eine Tasse Tee und einen kleinen Plausch eingeladen. Am Wochenende, wenn ich es zeitlich einrichten kann, bin ich auch mit von der Partie. Entweder bei ihnen am Pool, zum Essen, bei uns im Garten zum Grillen, oder in der Innenstadt in einer der vielen Shishabars. Das Ehepaar ist uns sehr ans Herz gewachsen, doch nach zwei Jahren heißt es Abschied nehmen und beide ziehen nach Deutschland. Sie wartet auf ihre Verbeamtung und ihr Mann lernt die deutsche Sprache, um in Köln an der Universität seinen Master in Mathematik zu beenden. Jetzt erwarten sie ihr erstes Kind. Für uns geht es vor Ort weiter und der stete Abschied ist unser Begleiter.
Ich verlängere meinen Vertrag und beschließe noch ein bis höchstens drei Jahre dranzuhängen. Wie kann ich es bewerkstelligen, dass ich unter diesen Bedingungen – mit extremem Arbeitspensum, den wiederkehrenden Tiefs und körperlichen Beschwerden – Höhenflü-

ge mit Freude und Begeisterung erwachsen lasse? Mich wie ein Vogel frei in die Lüfte schwinge und Ballast abwerfe?
Keine leichte Aufgabe, bei all den vielen Sonderterminen, die ich an der Schule habe. Endlose Konferenzen, die oft ohne Konsens enden, Elterngespräche, die zum Ziel haben, dass die jeweiligen Kinder bessere Noten bekommen, mühsame Neugestaltung und Überarbeitung von Lehrinhalten, Streitigkeiten innerhalb des Kollegiums mit wochenlangem Anschweigen obwohl man sich täglich auf engstem Raum trifft und Klassengeschäfte gemeinsam erledigen muss, stetig wechselnde Mitarbeiter, die kurz oder etwas länger (ich gehöre schon zur *Uraltbelegschaft*) am Standort bleiben . Hinzu kommen die ein- bis zweimal im Jahr angesetzten pädagogischen Überprüfungen vonseiten der deutschen Schulbehörde oder der Erziehungsbehörde vor Ort.
»Hast du dich schon mal rund um die Uhr beobachtet gefühlt?«, fragte ich meine Freundin Susan. »Nein? Dann kannst du diese Erfahrung mit mir teilen.« Es sind nicht menschliche Augen, die mir ins Gesicht oder auf den Rücken starren, es sind die technischen in Form einer runden Kugel. Sie hängen an der Decke und arbeiten unablässig. Egal ob Schule, Feiertag oder Ferien herrscht. In unserem fünften Jahr werden die schon seit Langem geplanten Videokameras, etwa 120 Stück, an jeder Ecke der Schule installiert. Zuerst löst sich jeder Aktionismus bei mir in Luft auf: politisch angeordnet und nicht zu hinterfragen. Wir leben in einem arabischen Land und in den Straßen, an öffentlichen Plätzen, Hotelanlagen, Fahrstühlen und Taxen – überall – sind Kameras installiert. Das ist ganz normal hier. Doch Schulen sind neu. Diese Geräte übernehmen die Funktion, Schüler vor Übergriffen zu schützen und schnell zu handeln. Auch die naturwissenschaftlichen Räume werden ausgestattet und somit bin ich ab sofort vier bis sechs Stunden pro Tag unter ständiger Beobachtung. Ich gebe aber zu, dass nicht nur ich,

sondern auch die Schüler, diese Überwachung sehr schnell vergessen haben.

Der Erfolg dieser grundsätzlichen Maßnahmen im öffentlichen und halböffentlichen Raum zeigt sich im Dezember 2014. Eine Mutter der Schule wird auf der Toilette in einer Einkaufsmall von einer Einheimischen ermordet. Dieser Fall geht durch die Weltpresse. Dank der Videokameras innerhalb und außerhalb des Gebäudes dauert es keine 48 Stunden, bis das Sondereinsatzkommando der Polizei die Täterin, trotz vollständiger Verhüllung, festnehmen kann. Die Tote hinterlässt Zwillinge, die in die Klasse meiner Tochter gehen. Ein Schock, nicht nur für die deutsche Gemeinde.

Von Terroranschlägen bis zur Bedrohung von Lehrpersonal sind viele Berichte zu hören und zu lesen. In den ersten Wochen nach dieser Tat fällt es mir schwer, auf eine öffentliche Toilette zu gehen. Ich ertappe mich dabei, wie ich mich umdrehe und kontrolliere, wer hinter mir ist. Arabische Frauen, die komplett verhüllt sind, werden auf einmal zur Bedrohung, jeglicher Rationalität zum Trotz. Ein überaus komisches und fremdes Gefühl, da die Emirate mit den sichersten Staat der Welt darstellen. Kurze Pressemitteilungen legen die Motivation und den Geisteszustand dieser Frau dar und binnen eines Jahres wird sie verurteilt und hingerichtet, da die Todesstrafe hier nach wie vor eine Möglichkeit der Bestrafung darstellt. Die Zwillinge leben nun bei ihrem Vater in den USA und erfahren monetäre Unterstützung durch den emiratischen Staat.

Eine weitere staatliche Maßnahme ist die vom Gesundheitsdepartment über das ganze Land angeordnete Mumps-Masern-Röteln-Zwangsimpfungs-Kampagne der Kinder vom Kindergarten bis einschließlich Klasse 12. Auch bei bereits erfolgter Immunisierung. In Ausnahmefällen, unter entsprechenden Vorlagen, können Kinder davon befreit werden. Mein Mann sagt: »Eigentlich eine gute Maßnahme, wenn man bedenkt, dass so viele Ausländer auf engem

Raum zusammenleben.« Sicher. Doch wieder eine staatliche Bevormundung – jetzt aber nicht äußerlich, wie die Kameras, sondern als direkter Eingriff ins Leben, nach innen gerichtet. Mir waren und sind kollektive Vorgaben seit jeher zuwider. Ein tauber, ohnmachtsgleicher Zustand kriecht in mir hoch. Mir wird heiß und kalt zugleich. Alles, wofür ich die letzten elf Jahre für und mit meiner Tochter gekämpft habe, soll jetzt durch diese staatliche Vorgabe zunichte gemacht werden? Für Außenstehende sind diese Gedankengänge sicher schwer nachvollziehbar, für mich sind sie desaströs.

Über die Schule wird ein Informationsschreiben der Erziehungsbehörde an alle Eltern weitergeleitet. Nachdem ich das gelesen habe, muss ich mich erst mal hinlegen. Mir ist schwindlig. Diesen Zustand hatte ich genau zehn Jahre zuvor, nach der Herzoperation meiner Tochter erlebt, als der damals leitende Oberarzt im Klinikum Göttingen postoperativ meiner Tochter eine Sechsfachimpfung verabreichen wollte. Ein kleines Lebewesen wurde über Wochen vollgepumpt mit allopathischen Medikamenten, um diese schwierige Operation durchführen zu können und im Weiteren den Genesungsprozess einzuleiten. Bereits zu diesem Zeitpunkt hatte ich einen festen Standpunkt, den ich klar und deutlich artikulierte und unterschrieb. Mein Kind wurde zu diesem Zeitpunkt nicht geimpft und auch jetzt nicht.

Sicher gehen hier die Ansichten auseinander. An diesem Thema scheiden sich die innigsten Freundschaften; zu unterschiedlich sind wir als Menschen mit unseren ureigensten Blickwinkeln auf das Thema *Impfen*. Innerhalb von einer Woche habe ich drei Gutachter aus Deutschland aktiviert und um ärztliche Atteste für das Kind gebeten – Ärzte, die meine Tochter seit Jahren geleiten, Impfungen schrittweise durchführten und sie kardiologisch betreuen. Gerade bei diesem, in Deutschland äußerst umstrittenen Thema, möchte ich die Wahl haben, frei zu entscheiden. Werden diese Belege nicht ausreichen, verlassen wir vorzeitig das Land und kehren in unsere Heimat zurück. Hinzu kommt die nichtvorhandene Information über das Herkunftsland des Impfstoffes. Hierbei stelle ich fest, dass Impfungen weit weniger hinterfragt oder nationale Vorgaben diskutiert werden: Es gibt sie und Punkt.

Nun klopfte der Wollfaden vehement an die Tür und will raus. Die Zeit ist angebrochen, um ihm weiter zu folgen.

***

Ich denke viel nach über die Schule als ein Betrieb, der einerseits pädagogische Ziele, andererseits betriebswirtschaftliche Interessen verfolgt – an einer Privatschule weit deutlicher zu spüren als an einer staatlichen Institution. Schule als ein Ort des Austausches, des gemeinsamen Lernens und Erlebens, ein Platz, an dem Kinder sechs bis acht Stunden täglich an fünf Tagen pro Woche verbringen, an dem sie im sozialen Verband leben lernen.
Schule, bekannt aus dem antiken Griechenland für *freie Zeit*, wurde im Laufe der Geschichte zur staatlichen Pflicht für alle Kinder, eine bürokratisierte Anstalt. Wie meine Erfahrungen aus dem Inland und auch dem Ausland zeigen, dauert es meist nur ein bis drei Jahre und schon sind viele Kinder *schulmüde*, quälen sich täglich in den Unterricht und sind froh, wieder zu Hause anzukommen. Häufig gibt es Hausaufgaben, die dazu dienen, den Unterrichtsstoff auf andere Weise zu wiederholen. Hat man als Schüler nichts auf, bedeutet das nicht automatisch *Ich habe nichts zu tun*, wie meine Tochter des Öfteren verlauten lässt. Vielmehr kann die hausaufgabenfreie Zeit als Gelegenheit zur selbstständigen Wiederholung der

Themengebiete des jeweiligen Tages angesehen werden. Doch Kinder, die diese Gelegenheit wahrnehmen, die freiwillig zu Hause sitzen und lernen, sind dünn gesät. Meist sind es die als *Streber* und *Außenseiter* abgestempelten Schüler. In jeder Klasse gibt es sie. Genauso wie die *Lernschwachen*, die *Mittelstarken*, die *Kasper*, *Vorlauten* und *Mäuschen*. Es ist ein Mix aus verschiedensten Persönlichkeiten, die sich auf engem Raum zusammengefunden haben. Die Sprache der Kinder spielt dabei eine untergeordnete Rolle. Diese Eigenschaften gibt es in jeder Mentalität. Falls ein Schüler des Deutschen nicht mächtig ist, tut es seiner Wortwahl und der Ausdrucksweise keinen Abbruch: Auch in *Dengliarabisch* kann geflucht werden und jeder versteht es.

Suchen Sie eine neue Herausforderung und sind zudem Deutschlehrer, dann ist das hier das Richtige für Sie: zum einen die deutsche Sprache den Schülern näher zu bringen, zum anderen die deutsche Kultur zu vermitteln. Sicher gibt es zwischen Schülern der Klasse 12 und Gedichten von Hölderlin, Goethe oder Rilke hohe Klippen zu bewältigen, doch der inhaltliche Transport des getragenen Wortes mit seinen variantenreichen Nuancen ist unersetzbar für gestalthaftes und bildhaftes Denken. So auch das Lesen von Büchern. Jüngere Schüler stoßen dabei an ihre Grenzen; heute mehr denn je, im Zeitalter der Digitalisierung. Das nehme ich in der arabischen Welt exorbitant wahr. Kinder scheinen ohne Handy, iPod, iPad und Computer ratlos zu sein und stehen bezugslos der Wirklichkeit gegenüber. Oft werden die Satzbausteine *Subjekt, Prädikat* und *Objekt* vertauscht oder einfach weggelassen.

Bei einer traumhaften Klassengröße von 15 Kindern in der Klasse meiner Tochter, sind die Hälfte der Schüler nicht Muttersprachler. Alltäglich werden zum Beispiel Artikel den Nomen falsch zugeordnet – *der Auto* und *die Wald* – oder es fallen Worthülsen wie *lol, geil, boa-ey, nice, fuck*, um nur einige zu nennen. Das ist kaum anders als in Deutschland, wenn junge Menschen in ihrer ureigensten Sprache miteinander kommunizieren. Bemerkbar macht es sich gehäuft bei Aufsätzen im Fach Deutsch und manch einer der Kollegen zieht stöhnend die Stirn kraus. Unterstützung erfahren sie durch Berufsgenossen, die Deutsch als Fremdsprache (DaF) unterrichten und die Klassen betreuen. Ab Klasse 5 bis 8 sitzen in den Fachunterrichten immer zusätzlich Kollegen in den Klassen, die einzelne, nicht muttersprachliche Schüler begleiten und Fachwörter und Satzkonstruktionen erläutern. Da kann es schon mal passieren, dass ein Schüler im Fach Chemie fragt, ob die Mehrzahl von Erlenmeyerkolben *Erlenmeyerkolbens* heißt. In Biologie tauchte die Frage auf, ob es *Epidermisse* geben würde. Jetzt wird bei Lehrern vorausgesetzt, dass sie tagein tagaus als wandelndes Lexikon unterwegs sind. Allwissend wie sie sind, haben sie in jede Materie Einblick. Ist dies nicht der Fall, schwindet ihr Ansehen zunehmend – sicher ein Relikt aus früherer Zeit. Außerhalb der fachlichen Termini arbeiten wir Lehrer als sozialpädagogische Allroundkräfte. Eine meiner Kolleginnen teilt mir dazu mit: »Wusstest du nicht, dass Lehrer Multitalente und dazu auch noch Multitasker sind?« *Ist das wirklich so?*, frage ich mich. Während ich noch darüber grübele, geht die Tretmühle des Alltags aber einfach weiter.

Als entsandte Beamtin aus Deutschland wurde stillschweigend vorausgesetzt, dass ich auch als Klassenlehrerin tätig sein werde, höherer Verdienst wurde hier mit einer breiten Palette an Aufgaben gleichgesetzt. Eine rechtliche Grundlage dafür gab es nicht.
Meine Erfahrungen in dieser Hinsicht wurden dabei auch erweitert. Ich bin nun nicht der typische *Mutter*-Klassenlehrertyp, eher kantig, abwartend und kühl. Trotzdem bin ich immer für die Belange der Schüler offen und höre mir ihre Probleme und Anmerkungen aufmerksam an, glätte Wogen beim inoffiziellen Rauchen einiger

Schüler auf der Toilette und was der Dinge mehr sind. »Haben wir nicht alle unsere dunklen Geheimnisse aus der Schulzeit?«, sage ich in solchen Fällen zur Schulleitung. *Sicher, heißt es dann, doch als deutsche Community haben wir in den Emiraten Vorbildfunktion zu zeigen und zu leisten.*

Eine wirklich echte und nahe Begegnung mit Schülern, speziell aus zwei Klassen, die ich leitete, ist mir in den fünf Jahren nicht gelungen. Da loderte kein Feuer, da bestand kein unsichtbares Band zwischen uns. Am Anfang war ich traurig darüber, doch das hat sich gelegt. Interessanterweise beobachtete ich, dass ich mit den Schülern der Klassen, die eine Kollegin durch das Abitur führte, viel besser auskam, als mit den mir zugeteilten jungen Menschen. Doch auch bei der Zeugnisübergabe war ich plötzlich für den einen oder anderen Schüler und dessen Eltern Luft. Erklären kann ich mir das bis heute nur so: *Stimmt die Note, stimmt die Chemie*, denn auch bei chemischen Vorgängen stellen sich kurzfristig Zustandsänderungen ein, die reversibel oder irreversibel sind. Letztendlich habe ich aus diesen als Ignoranz und Unfreundlichkeit wahrgenommenen Gesten gelernt, zumindest so weit, dass es für mich kein Weltuntergang ist, wenn mich Eltern nicht grüßen oder mir Ex-Oberstufenschüler die kalte Schulter zeigen. Mittlerweile routiniert im *nicht vorhandenen Dialog*, sehe ich über so etwas einfach hinweg. Die Wiederholungen ermüden mich und rauben Kraft. Möchte ich das weiterhin? Ein klares *Nein!* kommt aus meinem tiefsten Inneren heraus.

Als ich im dritten Jahr ausnahmsweise keine Klassenleiterfunktion innehatte, wurde ich mit Argusaugen vom Mitarbeiterstamm beobachtet, obwohl es auch gut gemeinte Tipps gab. Eine Kollegin meinte: »Genieß doch die freie Zeit.« Da fragte ich mich natürlich: *Welche freie Zeit?* War ich nicht mit unterrichten, korrigieren und vorbereiten beschäftigt, arbeitete ich an meinem Projekt *Buch* weiter, was aber nur wenige wussten.

Immer wieder kamen kleine Spitzen bei mir an: *Du hast ja gut reden, bist dieses Jahr keine Klassenleiterin. – Bei der Veranstaltung hilfst du aber den anderen Kollegen, die vollauf mit ihrer Klasse beschäftigt sind. – Vergiss nicht, dich in die Liste einzutragen, du hast ja keine Klassenleiterfunktion ...* Meinem Naturell entspricht es, eigenverantwortlich und umsichtig zu handeln und es ist für mich selbstverständlich dort anzupacken, wo Hilfe benötigt wird, ohne dass ich mehrmals daran erinnert werde. Dieses ständige Erinnern an und Überwachen von Aufgaben, die ich zu leisten hatte, war mir bei meiner langen Berufserfahrung in solchem Ausmaße nicht begegnet. Ich stellte fest, dass es Menschen gibt, die ihren Antrieb und ihr Lebenselixier daraus schöpfen, die Genugtuung empfinden, wenn sie andere dirigieren können. Problematisch dabei war, dass das Orchester häufig in Schieflage geriet.

Engen Kontakt pflegte ich mit wenigen Kollegen und drei Familien aus der Klasse meiner Tochter. Es gab und gibt eine kleine Anzahl von Menschen in meinem Umfeld, die ein echtes Verständnis erkennen ließen, die aufrichtig und ehrlich hinter mir standen und denen ich persönliche Bedürfnisse und Ansichten mitteilen konnte.

Als der Leidensdruck zu Beginn anstieg, suchte ich im zweiten Jahr unsere Schulpsychologin auf, eine Person, die vertrauenswürdig war und vor allem ihre Schweigepflicht sehr ernst nahm. Leicht konnte das Gesagte sonst unter der deutschen Gemeinschaft, wie sich an anderen Stellen zeigte, gestreut werden. Hierbei kam ich zum ersten Mal mit dem amerikanischen Psychologen Marshall B. Rosenberg und seinen Veröffentlichungen zur *Gewaltfreien Kommunikation* in Kontakt. Einer Kommunikation die nicht bewertet, sondern Konflikte meidet beziehungsweise löst und vor allem Bedürfnisse erkennt.

Ich ließ mir mehrere Bücher schicken und versuchte autodidaktisch die Methoden mit meiner Familie zu trainieren. – Ein schwieriges

Unterfangen. Die Ambitionen meines Mannes hielten sich in Grenzen und meine Tochter war überfordert. Die Frage, die sich mir bei Kindern stellte war: *Wie sind die Methoden auf eine kindgerechte Ebene zu transportieren?* In den folgenden Sommerferien holte ich mir dazu Rat bei einem praktischen Workshop in der Nähe von Stuttgart.

Aufgetankt mit frischem Elan und neuen Möglichkeiten, blieb ich an den Übungen dran und kombinierte diese mit Elementen aus dem NLP (*Neurolinguistisches Programmieren,* ein Training, welches ich früher berufsbegleitend absolviert hatte). Meine Zielgruppe waren jetzt Eltern, Schüler und Kollegen: Jährlich wurde ich mindestens einmal mit verbalen Entgleisungen vonseiten der Eltern konfrontiert, dabei ging es immer um Noten. Der Vater einer Schülerin, der mit der Notenfindung seiner Tochter in meinen Fächern nicht einverstanden war, teilte mir hierzu mit: »Was sind Sie für eine Pädagogin? Wo haben Sie denn ihre Ausbildung gemacht? Wie kommen Sie dazu, meiner Tochter solche Noten zu geben?« Die schriftlichen sowie mündlichen Leistungen gaben aber nun mal nur eine Notenansiedlung im unteren Bereich der Skala her. Wurden derartige Sätze nicht im Vieraugengespräch vorgetragen, gab es noch den Weg über ein virtuelles Medium: sich bei Dritten über mich beziehungsweise meine Arbeitsweise zu beschweren, war mir bis dahin unbekannt.

Durch die Integration eines Methodenmixes aus *gewaltfreier Kommunikation* und *NLP*-Elementen, lernte ich souveräner mit solchen Situationen umzugehen. Die schlaflosen Nächte vor einem Gespräch fanden ihren Zenit am Schreibtisch, denn dort entwickelte ich entsprechende Strategien. Wenn dann um sechs Uhr morgens der Wecker klingelte, war ich hundemüde, aber an Schlaf nicht mehr zu denken. Wichtige Pfeiler im entsprechend vorbereiteten Gespräch waren die Sitzpositionen, Wortwahl, Gestik und Mimik sowie meine mich umrundende Luftblase – eine Blase, die Streckung und Dehnung vertrug, mir Schutz bot. Kam ich bei einem Gespräch mit meinen *Übungen* nicht zum erwünschten Erfolg, versuchte ich es beim nächsten variantenreich zu verändern. Trainingsmaterial hatte ich genug.

Meistens bringen Eltern jeder Nationalität ihre eigenen Bedürfnisse und Sorgenpakete mit in die Sprechstunde: Angst vor Versagen ihres Sprösslings gepaart mit der Sorge, dass das Kind nicht ihren Wünschen entspricht. Speziell die Einstufung der Kinder in den gymnasialen- beziehungsweise Realschulzweig kann ganze Familien und Lehrer entzweien.

Ach Wollfaden, was hast du für mich alles bereitgehalten.

Sehr schöne Momente gab es, als zwei Mütter, die ich sehr gerne mochte und schätzte, regelmäßig zu mir in die Sprechstunde kamen. Eine war als Deutsche zum Islam konvertiert, trug Kopftuch und lange Gewänder und war mit einem Palästinenser verheiratet, der als Arzt in Abu Dhabi tätig war. Die andere trug einen peppigen Kurzhaarschnitt und schminkte ihre Lippen tiefrot. Das sah richtig frech aus und wir hatten immer etwas zum Lachen: »Hallo Frau Heermann, wann haben Sie wieder Zeit für mich?«, fingen die Begegnungen an. Beide kamen, um zum einen über ihre Kinder, zum anderen über pädagogische Ziele zu plaudern und sich nach meinem allgemeinen Wohlbefinden zu erkundigen. Fragen bezüglich einer Umgestaltung der Noten ihrer Kinder gab es bei den beiden nicht. Die zwei hatten eine gesunde Einstellung zu Noten, ihren Kindern und deren Leistungen. Eine der beiden war gleichzeitig auch Nachhilfekraft bei einer emiratischen Familie. Hierzu gingen wir regelmäßigen *in medias res* über den Leistungsstand des ihr anvertrauten Sprösslings.

Außer in der Oberstufe, befanden sich bis einschließlich Klasse 9 mehrere Kinder aus emiratischen Ehen an unserer Schule. Sie verhielten sich uns Lehrern gegenüber immer respektvoll und zuvorkommend. Das vermisste ich bei einigen deutschen Kindern. Oft sprachen die Eltern kein Deutsch und die Gespräche bezüglich des Leistungsstandes wurden in Englisch abgehalten.

Häufig kamen die Jungen in ihrer Nationaltracht, der *Dischdascha* in die Schule. Nicht ganz uneigennützig trat ich an die Jugendlichen heran und befragte sie zu ihrer Kleiderordnung: »Jungs, plaudert doch mal aus dem Nähkästchen.«

»Ach Frau Heermann, was Sie alles wissen wollen«, kam es dann zurück. »Also, die *Dischdascha* ist das Gewand der Männer. Im Sommer ist sie weiß, im Winter können die Farben von Beige über Hellbraun bis Blau variieren. Darunter tragen wir ein Unterkleid, das heißt *Wesar*. Es ist ein leichtes Baumwolltuch, das bis zu den Knöcheln reicht, meist mit blauen oder schwarzen Karomustern, welches um die Taille gewickelt getragen wird.«

»Und was tragen die Männer darunter?«

Erst mal Pause, dann großes Gelächter. »Na eine Unterhose«, kam es zurück. Wieder kurze Pause. »Aber nicht alle.«

Ah, so war das! Also nicht weiter vertiefen!

Die *Gahfiya*, eine weiße, meist gehäkelte kleine Kopfbedeckung, tragen sie in der Schule nicht. Nur das *Ghutra*, eine Art Kopftuch, weiß oder bunt, mit reichhaltigen Mustern darauf, umschlang ihr Haupt. Das Tuch wird sonst über der kleinen *Mütze* getragen. Im Winter wird es durch einen dickeren Webstoff ersetzt, denn bei 20 Grad kann es schon ganz schön schattig werden.

Die jungen Männer laufen in der Schule ohne *Agaal*, einer schwarzen, dünnen Kordel herum. Dieses schnurähnliche Gebilde wurde ursprünglich in der Wüste zum Führen der Kamele verwendet und dient heutzutage als modisches Accessoire.

Emiratische Mädchen besuchen meist nach der deutschen Grundschule eine weiterführende Mädchenschule in der Stadt oder in Übersee.

Sicher hat der Besuch dieser Kinder an der deutschen Schule zum Ziel, das deutsche internationale Abitur zu absolvieren, um dann an einer deutschsprachigen Universität zu studieren und das erworbene Wissen gewinnbringend im eigenen Land einzusetzen. Eine zukunftsweisende Einstellung der hiesigen Eltern, für ihre Nation, die noch für etwa 50 Jahre Vorräte an schwarzem Gold beherbergt.

Doch weiter zu meinen Pflichten:
Ich war für die ordnungsgemäße Krankmeldung und Weitergabe der Fehlzeiten einzelner Schüler an das Sekretariat zuständig sowie das Vermitteln und Einhalten von Regeln, die sich auf den Schulalltag bezogen: Seit 2013 war ein Fahnenappell verpflichtend für alle Schulen in den UAE eingerichtet worden, um das nationale Bewusstsein zu stärken. Morgens um 7.50 Uhr standen alle Schüler mit uns Lehrern auf dem Schulhof, nach ansteigender Klassenstufe aufgereiht, um die Nationalhymne zu hören. Zeitgleich zogen zwei emiratische Kinder die Nationalflagge auf Vollmast. Bei außerordentlichen Vorkommnissen, zum Beispiel den Unruhen im Yemen, bei denen emiratische Soldaten den Tod fanden, wurde die Flagge vor versammelter Schüler- und Lehrerschaft auf Halbmast gezogen. Auch die Pausenzeiten waren streng geregelt. Während der Wintermonate verbrachten alle Schüler der Klassen 1 – 9 die Pausen auf den Schulhöfen.
Eine Kleiderordnung, wie an britischen Schulen, hatten wir nicht. Trotzdem legten beide Schulleiter Wert auf sorgfältige und angemessene Kleidung beim Personal und bei den Schülern. Minirock und kurze Hose waren ab der 6. Klasse nicht mehr gerne gesehen. Für mich war das eine Selbstverständlichkeit. Ich lebte in einem muslimischen Land und war hier als zeitlich begrenzter Gast geduldet, also achtete ich die Landessitten, deshalb waren meine Beine und Arme in der Öffentlichkeit immer bedeckt.

Hinzu kam die Klassenzimmerverschönerung mit Topfpflanzen und Wandgestaltung. Den Schülern aller Klassen war es erlaubt, sich eine *Kuschelecke* in einem Winkel des Raumes einzurichten. Meist fanden sich Sitzelemente in den Klassenräumen, die ein Stück arabisches Flair brachten. Bekannt waren die Sitzelemente durch die unzähligen Wüstencamps, bei denen sie als Sitzgelegenheiten um die Bühne der Tänzerinnen genutzt werden. An der Schule waren es *Chill-out-Corner* und Schüler besuchten sich gegenseitig in den Pausen – denn zum Erholen gibt es immer etwas. Mädchen und Jungen können zwar zusammen dort sitzen, doch jeglicher Körperkontakt ist verboten. In den Emiraten sind Händchenhalten und Küssen sowie Arm in Arm Laufen nicht gestattet. »Man zeigt in der Öffentlichkeit keine Gefühle dieser Art«, teilte unser syrischer Freund uns mit. Die Sitzordnung innerhalb der Klassen nahm der Klassenlehrer der Sekundarstufe I vor, in der Oberstufe suchten sich die Schüler selbst ihre Plätze. – Ich persönlich ziehe eine offene Tischordnung einer geschlossenen vor. Von Abgangsklassen übernommene Regale – meist von IKEA – rundeten das Klassenbild ab. Die Schüler nutzen diese Flächen zur Ablage ihrer Unterlagen und Bücher und das auch gerne während der Ferien, obwohl dann eigentlich Nach- und Vorbereitung des Unterrichtsstoffes angesagt waren.

Da ich in der Sekundarstufe I keine Hauptfächer unterrichtete, war meine Stundenzahl in diesen Klassen eher als gering einzustufen. In der Oberstufe summierte sich das bereits. In Chemie und Französisch verlief der Unterricht parallel, denn hier konnten die Schüler ihre Zugehörigkeit zum Teil selbst wählen. Nur für einige Schüler blieb Französisch ein Muss, wenn die Eingangsvoraussetzungen von vier Jahren Unterricht in dieser Fremdsprache nicht erfüllt waren.

Die Kinder brachten unterschiedliche Wissensstände, je nach Bundesland oder vorher besuchter Schule mit. Mittlerweile können emiratische Schüler das Fach Französisch ganz abwählen und belegen dann automatisch in der Oberstufe Chemie. »Frau Heermann, seien sie mir nicht böse, aber ich gehe lieber in den Französischunterricht«, wurde mir das ein oder andere Mal mitgeteilt. Manche wussten bereits ab Klasse 11, wie es nach dem Abitur weitergehen sollte. Ab Klasse 9 wurde Biologie dreistündig unterrichtet, mit einem fünfzigprozentigen Anteil in englischer Sprache. In der schriftlichen als auch in der mündlichen Abiturprüfung war diese Disziplin in beiden Sprachen abzulegen. Als mich mein langjähriger Weggefährte Karl-Heinz einmal fragte, wie ich darauf käme, ein Fach wie Biologie in einer Fremdsprache zu unterrichten, konnte ich nur die Schultern zucken. Bei unseren einmal im Jahr stattfindenden Gesprächsrunden, die wir über Stunden bis Tage ausdehnen, versuchte ich ihm meine Beweggründe darzulegen. Dies war nicht einfach, wusste ich doch selbst nicht genau, warum ich diese Stelle mit solch schwierigen Bedingungen angenommen hatte. Hatten sich *Klotho* und *Lachesis*, die griechischen Schicksalsgöttinnen, abgesprochen und waren sich einig, dass ich noch eine weitere Herausforderung brauchte? Die Äußerlichkeiten, die Lebensbedingungen des Landes waren dabei schnell abgehandelt, doch die wirklichen, inneren Beweggründe erschlossen sich mir dadurch nicht oder nicht sofort. Hatte ich mich selbst überschätzt?

In meiner Sturm- und Drangphase war ich weltweit mit dem Rucksack unterwegs. Hierbei hatte ich Gelegenheit, die englische Sprache fließend zu erlernen. Mein Gedächtnis funktioniert auch nach 30 Jahren noch ausgezeichnet. Ich konnte, zumindest in rudimentärer Weise, das Englische rekapitulieren, immer wieder getrieben durch die an mich selbst gerichtete Forderung *Du schaffst das!*, peitschte ich meine geistige Kraft in die Höhe, wodurch auch mein Hormonspiegel exorbitante Eskapaden einlegte und *pituitary gland*, die Hypophyse, ein *Dauerbrenner* wurde. Am Anfang war ich noch mit Elan dabei und hatte wirklichen, echten Spaß und Antrieb, die einzelnen Arbeitsblätter zu entwerfen und auch noch ins Englische zu übersetzen. Ich wollte die englische Sprache beherrschen, wie ich es einst konnte. Am Ende dann beherrschte ich mich selbst, um nicht in Tränen auszubrechen, denn speziell die Schüler der Oberstufe sprachen fließend Englisch. Ein Oberstufenschüler teilte mir im ersten Jahr auf galante Art und Weise mit: »Your english is not to bad.« Welch Kompliment! Doch mit Humor versuchte ich das Gesagte wegzustecken. Auch wenn ich sonst manch verbale Entgleisung von Elternseite zu hören bekam, drang niemals ein negatives Wort über meine Englischkenntnisse an mein Ohr.

In der Unterstufe sah es da etwas anders aus. Einige Schüler einer neunten Klasse äfften meine Aussprache nach oder verbesserten mich auf eine für mich entwürdigende Art und Weise. Kurz entschlossen wagte ich mich am Elternabend vor die versammelte Elternschaft und sprach diese Zustände an. Bevor ich in das *Meeting* ging, sammelte ich mich und baute eine Luftblase um mich herum auf, so wie ich es gelernt hatte. Dann: Klinke drücken, rein und durch. Auf Augenhöhe informierte ich die Eltern über das Verhalten ihrer Sprösslinge im Biologieunterricht und verbat mir jegliche Entgleisungen. Innerlich zitterte ich gewaltig – da legte ich eine meiner Schwachstellen offen, wie auf einem Tablett, und das vor versammelter Mannschaft. Zu diesem Zeitpunkt gab es für mich nur die Offensive. Ich argumentierte mit *respektvollem Verhalten zwischen Lehrer und Schüler* und damit, dass nicht ich, sondern die Schulleitung diese Entscheidung getroffen hätte. Mir ging es vor allem um ein ausgewogenes Geben und Nehmen sowie gegenseitige Akzeptanz. Das konnte man auch von fünfzehnjährigen Schülern, die schon viel von der Welt gesehen hatten, erwarten. Man nickte und lächelte mir zu, aber auch ernst dreinblickende und verschlossene Gesichter sah ich. Sicher war nicht jeder mit dieser Situation zufrieden und ich schon gar nicht. Die Wahrung meiner Bedürfnisse und das Einhalten von Grenzen war mir jedoch wichtig. Ich schwitzte. Zeitgleich versuchte ich die Luftblase zu erhalten und den Tränenkanal am Überschwappen zu hindern. Dann ein kurzes »Danke« meinerseits und raus war ich. Gerade noch rechtzeitig, da der Kanal voll war. Meine Schritte wurden mit jedem Meter leichter und beschwingter. Ich hatte es geschafft. Ich sagte, was ich zu sagen hatte. Ein Stein fiel mir vom Herzen.

Ab da verlief der Unterricht in einer für beide Seiten adäquaten Form. Welch Ironie des Schicksals, als ich genau diese Klasse in der Oberstufe als Klassenlehrerin zugeteilt bekam! Trotz dieser kleinen Hürden, war mein Anfangsenthusiasmus ununterbrochen hoch. Ich suchte im ersten Jahr unseres Aufenthaltes neben all den Alltagsgeschäften noch zweimal die Woche in den Abendstunden Englischkurse auf. Aus heutiger Sicht ein enormer Stressfaktor. Wenn ich aufgeregt war oder Leistungsdruck hatte, und das war fast täglich der Fall, sprach ich so miserabel, wie ein blutiger Anfänger. Frühmorgens, lange vor dem Unterricht – meistens wachte ich gegen drei Uhr auf –, bastelte ich an den Sätzen der Fachterminologie herum. Hatte ich mir nun alles schön passend zurechtgelegt und auch das eine oder andere Wort nochmals nachgeschaut, blieb das erwartete Ergebnis oft aus.

Im nächsten Jahre erfuhr ich Unterstützung von einer sehr kompetenten Fachkollegin aus Niedersachsen. Leider schied sie bereits nach einem Jahr wieder aus und nahm ein Jobangebot aus Moskau an. – Jetzt sehen wir uns regelmäßig einmal im Jahr, meist zu Ostern, und tauschen uns aus. Danach arbeitete ich mit einer Kollegin zusammen, die 20 Jahre in Afrika gelebt hatte und dort Biologie auf Englisch unterrichtete. Sie wurde extra dafür eingestellt. Leider änderte sich an meinem Einsatz im bilingualen Bereich nur wenig!

In diesen fünf Jahren habe ich gelernt, meine Selbstüberschätzung einzugestehen, meine Grenze zu erkennen und anzuerkennen und es nicht als Niederlage zu verbuchen.
Während dessen ging das Alltagsgeschäft weiter. Pubertierende Jugendliche unterstützen, Elternfragen beantworten, Beratungen vor Prüfungen durchführen, Ausflüge organisieren, das soziale Miteinander strukturieren und leiten . Letztlich tragen wir als Lehrkraft für junge Menschen einen beachtlichen Anteil an Verantwortung und können in der Mitte ihrer Sturm- und Drangphase als Ansprechpartner fungieren. Bei einer kurzen Hochrechnung kam ich auf etwa 130 Stunden im Jahr, die ich als *Sozialarbeiterin* ableistete.«
Auch meine Tochter benötigte Hilfe in der fünften Klasse. Sie war von einigen Klassenkameraden als Mobbingopfer auserkoren worden. Das wurde schwierig für mich: zum einen mich nicht in ihre Konflikte einzumischen, zum anderen die Übergriffe helfend abzuwenden. Ihr mangelte es an Durchhaltekraft und Durchsetzungswillen. Abu Dhabi ist ein Ort, an dem sie dies lernen konnte. Sie kam häufig weinend nach Hause und mir wurde es schwer ums Herz. Doch je mehr ich half, desto unselbstständiger wurde sie bei der Konfliktlösung. Zusammen entwickelten wir bei unseren abendlichen Fitnesstrips Strategien, wie sie den Kindern begegnen konnte. An manchen Tagen ging die Sonne hell auf, an manchen ging sie dunkel unter. So war das, in den fünf Jahren. Auch hierbei erfuhr mein Horizont über menschliche Tiefen, nun bei Kindern, eine weitere Dehnung und wenn wir es nicht selbst erlebt hätten, würde ich es nicht glauben wollen.
»Na, Frau Heermann, wie geht es ihnen?« Häufig wurde ich von Schülern der Mittel- und Oberstufe so begrüßt. Meistens kamen sie zu mir in den Chemieraum, wenn sie nebenan im Biologie- oder Physikraum Unterricht hatten und eine kurze fünfminütige Ver-

schnaufpause brauchten. Da meine Türen zu den Unterrichtsräumen immer offenstanden, auch während der Unterrichtsstunden, war es ein Leichtes kurz hereinzuschauen. »Was machen Sie denn gerade?« – »Sind Sie traurig, dass Sie uns nicht mehr in Biologie haben?« Solche oder ähnliche Fragen wurden mir immer wieder gestellt.

Die meisten Menschen denken: für einen Lehrer ist ab Mittag Schluss, die gehen nach Hause und widmen sich voll und ganz der Familie. Leider ist dem nicht so. Bekanntlich hört der Alltag eines Lehrers nicht nach der letzten Unterrichtsstunde auf, sondern geht zu Hause weiter. Da ist nichts mit *Lehrer sind alle faule Säcke*, wie ein ehemaliger Bundeskanzler während seiner Amtsperiode einmal verlauten ließ. Das mag wohl auf den einen oder anderen Kollegen zutreffen, aber nicht auf die Allgemeinheit. Vergleichbar mit der Politik könnte der Ausspruch vielleicht so heißen: *Politiker reden viel, bewegen Luft und streichen dazu noch ein sattes Gehalt ein.* Auch dort gibt es Ausnahmen.
Unterrichtsstoff nachbereiten, Arbeitsblätter zur Wiederholung vorbereiten und neuen Unterrichtsstoff erarbeiten: Meine Erfahrungen der letzten zehn Jahre als Lehrerin haben gezeigt, dass es nicht immer möglich ist, auf bereits erstellte Arbeitsblätter zurückzugreifen, sondern dass es oft einer individuelle Anpassung an die jeweiligen Schüler bedarf. Sicher, die Grundstruktur des Unterrichts und der Unterrichtseinheit steht und wird nur noch punktuell verändert, doch die Methodik kann variieren und auch die Tests beziehungsweise Klassenarbeiten oder Klausuren. Das macht für mich Lehren aus. Immer wieder nach Möglichkeiten zu suchen, einen thematischen Inhalt für die jeweilige Schülergruppe individuell aufzubereiten. In einem Jahr zum Beispiel als Puzzle, im nächsten noch einen Lückentext dazu oder die Gruppe etwas basteln lassen.

Unterstützung brauchen auch Kinder an deutschen Auslandsschulen. Die Entscheidung, an einer deutschen Auslandsschule beschult zu werden, treffen nicht sie, sondern ihre Eltern. Diese tauschen heimatliche Bedingungen, um in der Ferne zu arbeiten und zu leben oder von einem Ausland in das nächste zu wechseln. Oft bleibt ein schaler Geschmack zurück, denn Kinder werden bereits von klein an mit Regeln, Ritualen, Umgebungen und Menschen zusammengebracht. In vielen Fällen haben die Großeltern zu Hause zusätzliche Aufgaben, um Mutter und Vater zu entlasten und freizügig mit dem Nachwuchs das zu unternehmen, zu dem es bei den eigenen Kindern nicht gereicht hat. Häufig berichten die Kinder, dass sie sich aus ihrem gewohnten Umfeld herausgerissen fühlen, Oma und Opa zurücklassen, Abschied nehmen müssen von der Wohnung, von Pflanzen, von Tieren und von geliebten Gegenständen, um wieder neu anfangen und Freundschaften auf Zeit zu schließen.

Die deutsche Schule versucht auf ihre Art ein Stück Heimat und Bekanntes hier im Mittleren Osten zu schaffen. Einen Anker zu werfen, in der sich immer schneller drehenden Welt mit instabilen Bedingungen. Sankt Martin, Weihnachten und Ostern feiern wir genauso wie in Deutschland. Diese Traditionen werden in der Schulgemeinde gepflegt. In der Grundschule bereiten sich die Kinder mit dem Basteln ihrer Laternen auf den Sankt-Martins-Abend vor. Der Lichterumzug der Kinder mit ihren Eltern, wird durch das Schulgelände veranstaltet und endet im Innenhof. Hier werden Tische und Bänke aufgestellt, die im Anschluss die Anwesenden zum Teilen einer Brezel, zum gemeinsamen Essen und Reden einladen. Der jährlich stattfindende Winterbasar (vor fünf Jahren hieß es noch *Weihnachtsmarkt*) wird von einer engagierten Elterninitiative organisiert und gestaltet. Die Mütter planen, basteln und schmücken die Buden bereits Wochen vorher. Jede Klasse sowie der Kindergarten verfügen über einen Stand, an dem sie nach freier

Wahl Plätzchen verkaufen, Waffeln backen, Dosen werfen oder Bastelarbeiten anbieten. Das eingenommene Geld kommt der jeweiligen Klassenkasse zugute. Untermalt wird die Veranstaltung von Kindern unterschiedlicher Klassen, die ihre musikalischen Fähigkeiten mit Gitarre, Schlagzeug, Klavier oder Gesang zum Besten geben. In der Mitte des Platzes steht ein großer Kunst-Nadelbaum, der bunt geschmückt ist. Darum reihen sich Tische, die die Gäste einladen Würstchen, Glühwein (ohne Alkohol), gebrannte Mandeln oder Waffeln zu verzehren und ins Gespräch zu kommen. Es duftet nach Lebkuchen und Tannennadeln. Gedämpftes Licht erzeugt ein heimeliges und weihnachtliches Gefühl. »Mama, so war es doch in Deutschland auf dem Weihnachtsmarkt!« Da hat meine Tochter recht und den Schnee denken wir uns einfach dazu. Auch der Weihnachtsmann kommt regelmäßig mit seinem großen Sack und vielen Geschenken für die Kleinen vorbei. Die Stimmung ist locker und beschwingt eilen Schüler, Eltern sowie Gäste über den Platz, um noch eine Kleinigkeit hier und dort zu erstehen. Gerne besuchen auch muslimische Gäste den Basar und bestaunen die regen Aktivitäten ihrer Kinder an den Ständen. Christliche Gebete gibt es dabei nicht. Immer eine Woche später ist der letzte Schultag vor den Winterferien und manch einer der Kollegen und Schüler zieht es zu den echten Weihnachtsmärkten und dem weißen Nass nach Europa.

Die Schulklassen feiern mit ihren Klassenlehrern ein kleines Weihnachtsfest und *Wichteln* ist ein absolutes Muss. Die Kinder bringen Kekse und Getränke, vielleicht auch ein paar Spiele mit und schon sind ein bis zwei Schulstunden in gemütlicher Runde vorbei. Hier und da ein »Frohes Weihnachtsfest« und »Fröhliche Weihnachten«, dann wird es ruhig an der Schule und in der Stadt, denn viele *Exparts* reisen gleich zu Beginn der Ferien aus. Sei nun die Heimat oder ein anderes Land das Ziel, auf jeden Fall gibt es immer etwas zu entdecken in dieser großen weiten Welt.

Auf weitere Reisen gehen die Schüler selbstverständlich jährlich durch den entsprechenden Lehrplan und können aktiv an AGs mitwirken. Das kurz vor den Sommerferien erscheinende Jahrbuch *Kurier* wird jedes Jahr federführend von einer Kollegin und Schülern der Klassen 10, 11 und 12 gestaltet. Sie schreiben und redigieren Texte, machen Fotos bei Veranstaltungen und lernen über Computerprogramme solch ein Buch zu erstellen. Andere Schüler engagieren sich in der Leitbildentwicklung der Schule oder sind als Schülersprecher in Konferenzen anwesend, um stellvertretend die Belange der Mitschüler zu repräsentieren. Genauso organisierten sie einen in der arabischen Welt bekannten *Sprayer*. In einer Projektwoche haben sie dann die Schule mit den unterschiedlichsten Bildern verschönert.

Engagierte Mütter und mein Mann arbeiten am späten Vor- und Nachmittag in der Betreuung der Schüler, die auf die Busse am Nachmittag warten müssen. – In den Emiraten kann jedes Kind an der Haustüre gegen entsprechendes Entgelt abgeholt werden und wird auch nach dem Unterricht wieder zurückgebracht. »Hallo Jo, spielst du heute mit uns?«, wird mein Mann oft begrüßt. Die Kinder lieben ihn, auch wenn er ab und an mal laut wird. Sie hängen an ihm wie Kletten und er ist sich für kein Spiel zu schade; alles macht er mit: Verstecken, Fangen und Unterstützung bei den Mathematikaufgaben. Auch die emiratischen Jungs zählen zu seinen Anhängern. Mit ihm können sie kämpfen, Tischfußball spielen und Spaß haben. Groß und breit von Statur, wirft ihn nichts um. Andere emiratische Kinder verbringen die Nachmittage in der Hausaufgabenbetreuung, die von speziell dafür ausgebildeten Kolleginnen geleitet wird.

Bei Vertretungsstunden, die ich in der Grundschule zu leisten hatte, lernte ich das eine oder andere einheimische Kind kennen. Da ich auch insgesamt eine Stunde Aufsicht in der Woche abzuleisten hatte, war ich oft am Klettergerüst zu finden. Die Kinder der ersten bis dritten Klasse tobten sich nach jeder Doppelstunde so richtig aus. Oft kamen sie zu mir und umarmten mich, da sie mich bereits kannten. Sie waren ganz herzlich und offen. »Kannst du auf mein Hund aufpasse?«, wurde ich oft gefragt. Kuscheltiere waren ein wichtiger Bestandteil in der ersten Klasse. »Sicher doch, das heißt aber: *Kannst du auf meinen Hund aufpassen.*« Und schon war ich in die *Neunmalklug-Schiene* abgerutscht. Verdammt, das passiert mir immer noch.

Der Wollfaden fand es weniger gut, dass ich ihn immer noch im Schrank einsperrte, nachdem er massiv klopfte. *Jaja, ich weiß Bescheid*, dachte ich. *Bald kommst du raus, es dauert nicht mehr lange. Versprochen. Vorher habe ich noch etwas zu erledigen.*

Bevor dann im fünften Jahr unseres Aufenthaltes unser Abschied anstand, begleitete ich noch meine elfte Klasse als Klassenlehrerin auf Studienfahrt nach Berlin. Laut, skurril, mulitkulti und extravagant wurden wir am Flughafen der Bundeshauptstadt empfangen. Es war wie eine Landung vom Mond auf dem Boden der Tatsachen – von unserer langjährigen Wüstenlandschaft und heilen Welt, einer behüteten Umgebung mit vierundzwanzigstündiger Überwachung, Putzpersonal und Rundum-Sicherheit nach *Sodom und Gomorra*. So kam es mir zumindest vor. Plötzlich umgaben uns trinkende und pöbelnde Jugendliche, bettelnde Menschen an fast jeder Straßenecke und an den großen Flächen wie dem Alexanderplatz sah man ein Heer von Polizisten – von den Graffitis ganz zu schweigen. Mein Kollege und ich instruierten unsere Schützlinge eingehend, nicht den Geldbeutel auf offener Straße zu zücken, keine Drogen zu kaufen geschweige denn zu konsumieren, die Wertsachen in der Unterkunft zu lassen und niemals alleine, sondern mindestens zu dritt durch die Stadt zu ziehen – in der freien Zeit, denn die gab es täglich nach dem vormittäglichen oder nachmittäglichen Sightseeing-Programm.

Untergebracht waren wir in Weißensee in einem Hostel: klein, familiär und eine waschechte Berlinerin führte ein strenges Regiment. Sie nordete uns zu Beginn über die Sitten und Gebräuche im Haus ein und dann bezogen wir eine ganze Etage für uns. Mehrbettzimmer und drei Toiletten plus zwei Duschen waren in den nächsten sieben Tagen unsere Anlaufstellen. Die Eigentümerin hatte uns ein umfangreiches und interessantes Programm zusammengestellt.

Die Führungen im ehemaligen Stasi-Gefängnis sowie im Bundestag wurden von Referenten durchgeführt, die extra für uns mehr zeigten, länger erklärten und mit lockeren und witzigen Sprüchen eine kurzweilige Szenerie erschufen. Wir waren begeistert und erlebten viel; seien es die Besuche von mehreren Museen oder eine Revue im Friedrichstadtpalast: immer gab es etwas zum Staunen. Als sich dann vier Jungs nicht an unsere Abmachung hielten bezüglich dem Konsum diverser Angebote auf dem Schwarzmarkt, blieb uns nichts anderes übrig, als diese gleich am dritten Tag wieder via Flugzeug nach Hause zu schicken. Ich war den Tränen nahe, doch hierbei musste ich durchgreifen und die vorher bestimmten Regeln einhalten. Diese Information machte in der ganzen Schule, über 6000 Kilometer entfernt, sofort Runde. Von uns Lehrern wurde nichts nach draußen gegeben, doch bekanntlich sind die Drähte oft recht kurz. Zwei anderen Schülern wurde Geld geklaut, die in ihrer Gutmütigkeit, was eigentlich verständlich ist, einem Blindenwerk auf offener Straße spenden wollten. So schnell konnten sie gar nicht schauen, wie ihre Scheine aus dem offenen Portemonnaie entwendet wurden. Eine andere Schülerin vergaß in einem großen Bekleidungsladen ihr Handy, ganze 1.000 Euro wert, und hatte Glück im Unglück, da es von einer Verkäuferin gefunden wurde; am nächsten Tag holten wir es wieder ab. Einen weiteren Höhepunkt gab es am letzten Abend, als wir unseren Geist auf Hochtouren brachten; ein Spiel der besonderen Art erwartete uns: *Life escape* war angesagt. In einem ehemaligen Bunker hatten wir verschiedene Rätsel auf hohem Niveau in kurzer Zeit zu lösen. Eingeschlossen im *Madhouse* mussten wir einen Schlüssel finden, der uns eine Tür öffnete, die uns wieder näher an die Freiheit brachte.

Nach acht Tagen und Nächten sind wir als Gruppe zusammengewachsen und flogen hoch motiviert in die Wärme zurück. – Berlin war eisigkalt und nass.

Da dies bereits meine zweite Studienfahrt im Ausland war, rückte ich meine ursprüngliche Auffassung, dass ich mit Schülern nicht *warm werden* könne, zurecht – quasi auf den letzten Drücker. Wir hatten eine tolle Zeit zusammen und ich hatte nie das Gefühl zu stören, ausgeschlossen oder nicht wahrgenommen zu werden, wie es bei meiner Fahrt nach Rom der Fall war. Diese jungen Menschen, mit ihren spezifischen Facetten, Bedürfnissen und Problemen, sind mir ans Herz gewachsen und manchmal bedauere ich es, sie doch nicht mehr zum Abitur führen zu können. In einer kleinen Rundung meines pulsierenden roten Organs regte sich diese Bewegung.

Was sich wieder bemerkbar machte, war der Wollfaden. *Jetzt ist Schluss*, vermittelte er mir.

Der Container ist bestellt, die Rückflüge gebucht, eine neue Wohnung in Süddeutschland angemietet und meine Tochter in einer Realschule angemeldet. Was kann da noch schiefgehen?

Unter freiem Himmel

Ein langes, vor unserer Zeit bekanntes *Take-away* war die Beute, die der Falke, treuer Gefährte des Beduinen, diesem erjagte; ohne ihn wäre er verloren gewesen. Der Vogel beschaffte das Mahl für seinen Herrn, der draußen in der Wüste mit Zelt und Kamel unterwegs war – geliefert und angerichtet in der provisorischen Küche, dauerte es nicht lange, bis das Essen auf der Decke stand.

Was als Nomadentum mit Fischen, Reiten, Schießen, Falkenjagd und Campieren in der freien Natur vor Jahrhunderten begonnen wurde, wird auch heute noch in Abu Dhabi fortgesetzt. Eine Vielzahl an Outdoor-Aktivitäten wird für die ganze Familie angeboten. Diese tief verwurzelte Tradition bestimmt nach wie vor das Leben in der Millionenmetropole. Auch vor den Landesgrenzen machen diese Gebräuche nicht halt. Eigens dazu gibt es eine Fachmesse, *Adihex* genannt. Viele *Emiratis* nutzen diese Veranstaltung, um sich über technische Neuerungen ihrer vielfältigen Sportarten zu informieren und die eine oder andere Superjacht, Fünf-Sterne-Zelte oder wüstentaugliche Jeeps zu erwerben.

Die Ausstellung steht unter der Schirmherrschaft seiner Hoheit Sheikh Hamdan bin Zayed Al Nahyan und wird darüber hinaus vom *Festivals Ausschuss* unterstützt und vom emiratischen Falknerklub organisiert. Jährlich nehmen rund 640 Aussteller aus 50 Staaten teil. Die Besucherzahl steigt ständig und betrug 2014 etwa 120.000 Menschen aller Altersklassen und Nationalitäten.

Besonders die Emirate sowie Länder der GCC-Staaten sind in hoher Anzahl vertreten und zeigen die tiefen Beziehungen zwischen diesen Ländern. Sie möchten das soziale Erbe und die Freizeitgestaltung für weitere Generationen erhalten, die im Zuge der dramatisch ansteigenden Technisierung in Vergessenheit geraten. Nicht zuletzt wird hierbei an das Erbe des verstorbenen *Father Zayed* gedacht,

seine Ideen, Ideale und Werte in einer sich rasant veränderten Welt zu erhalten, unsterblich zu machen, und das auf hohem Niveau.
Weiterhin wird die Ausstellung auch als ein interkulturelles Treffen zwischen den arabischen Golfstaaten und der Welt verstanden, mit dem Ziel, die Sportarten als ein Kulturerbe in weitere Jahrhunderte zu führen. Sicher geht es hierbei auch um Profit, gepaart mit altem Wissen und Originalität. Zudem erweitert sich die Messe jährlich und ist bis dato die größte im Nahen Osten.
Eigens hierzu wird das Ausstellungsgelände *ADNEC* auf Hochglanz gebracht. Die nahen Hotels sind in dieser Zeit ausgebucht und mancher Falke findet sich dort in einer Fünf-Sterne-Suite wieder, sitzt dann beim familiären Lunch mit am Tisch und wird im Anschluss zum Falkenwettbewerb in die entsprechende Halle getragen.
Die Besucher wandeln an Messeständen vorbei, probieren hier eine Dattel, dort ein Hefeteigbällchen mit Honig und können sich täglich Reitshows, *Saluki*-Schönheitswettbewerbe und Kamelauktionen anschauen. Untermalt werden diese Events von künstlerischen Darbietungen wie zum Beispiel Akrobatik auf dem Pferderücken.
Die *Saluki*zucht (Windhund) war jahrhundertelang ein Bestandteil des Beduinenlebens und erfreut sich auch heute noch großer Beliebtheit bei den *Emiratis*. Speziell bei der Falkenjagd kommt der *Saluki*, zum Einsatz. Hervorragendes Sehvermögen paart sich mit rasanter Geschwindigkeit. Ansonsten treffen sich Hunde und *Locals* in der Wüste, um gemeinsam dem Muskelspiel der Tiere beizuwohnen, so wie es zu früheren Zeiten Brauch war. Andere Hunderassen werden in der Regel nur von *Exparts* gehalten und allabendlich sehen wir die *Maids* mit den Vierbeinern Gassi gehen.
So lebhaft, wie es ansonsten in den Hallen zugeht, so ruhig ist es am Sicherheitscheck am Eingang zur Waffenausstellung. Anbieter aus der ganzen Welt strahlen Ruhe, Konzentration und Präzision aus, um ihre meist emiratischen Kunden über den Gebrauch und Um-

gang mit Waffen aller Art zu informieren. Selten sehen wir hier weibliche Einheimische.

Die Hallen sind groß, weiträumig und hell. Jedes Unternehmen präsentiert sich in seiner eigenen Pracht und dabei spielt die Größe der Fläche keine Rolle. Sicher nehmen lokale Firmen eine übergeordnete Dimension ein und können es sich leisten, mit einem abwechslungsreichen Programm für das Publikum, zu werben. Das Schutzprojekt für den *Houbara* (ein Vogel) und *Hares* (vergleichbar mit Hasen), die in früherer Zeit durch die Falkenjagd nahezu ausgerottet wurden, zieht uns an. Die Vögel erinnern uns an graue Enten oder Gänse, nur dass sie zierlicher sind. Die hasenähnlichen Tiere haben lange Ohren und passen sich farblich optimal an diese Gegend an.

Während wir durch die Gänge schlendern, sehen wir an vielen Ständen große und kleine, hell gefiederte und dunklere Falken. Bereits vor 2500 Jahren praktizierten frühe Siedler die Falknerei. Das, was der Falke erbeutete, diente der Familie als reichhaltige Proteinquelle. Falken sind schnell, erreichen bis zu 389 km/h und werden heute ausschließlich für den Jagdsport eingesetzt. Falkner sind begeistert von ihren Vögeln und freuen sich immer wieder über die unterschiedlichen Charaktere und Persönlichkeiten. Waren früher der *Saqr*- und *Peregrine*-Falke beliebt, ist es heute der *Gyr*, der auch der Größte seiner Spezies ist. In der Wildnis besitzen die Vögel keinen Sichtschutz, aber in den Hallen haben sie Lederhauben über Gesicht und Augen, *Burka* genannt. Sie hilft, dass die Tiere zur Ruhe kommen; ein Stressfaktor weniger in diesen bewegenden drei Tagen. Die Tiere sind zum Teil sehr teuer und können schon mal bis zu 300.000 Euro bringen. Von den Tierarztkosten ganz abgesehen, benötigt ein Falkner täglich mehrere Kilo Fleisch für seine Schützlinge. Verschiedene Trainingscenter sind über das Land verteilt und nicht zuletzt wird auch auf deutsches Falknerwissen aus Rheinland-Pfalz zurückgegriffen.

»Mama, schau mal diese tollen Zelte. So eins möchte ich auch haben.«
»Traust du dir zu, in einem Zelt auf hartem Boden nur mit Schlafsack zu schlafen?«
Und schon war meine Tochter in einem der Zelte verschwunden und richtete sich bereits gemütlich ein. Hierdurch haben wir das Campen für uns entdeckt.
Mehrmals waren wir in der Liwa-Wüste und im Oman mit Auto und Zelt unterwegs. Mit einer befreundeten Familie – der Sohn ging mit meiner Tochter in Deutschland in die erste Klasse – hatten wir langjährige Camper als Freunde gefunden.
Zuerst wurde das gesamte benötigte Equipment nach Plan vorbereitet. Die Männer waren unterwegs, um noch das Nötigste zu besorgen, während wir Frauen es uns in der Schönheitsfarm bequem machten. So ein Trip in Berge und einsamen Täler verlangte von uns ein entsprechendes Schönheitsprogramm als Auftakt. Die Jeeps packten nicht wir, sondern unsere Männer. Alles sollte an die passende Stelle und da war anscheinend männliches Know-how gefragt – Aufgabentrennung hat durchaus positive Auswirkungen auf das Familienleben!
Richtig ausgerüstet mit Duschschlauch und vom Motor gekühlter Frischhaltebox, Holz für die Lagerfeuer, Wäscheleine, Küchenutensilien und Proviant ging es dann kreuz und quer durch dieses wunderbare Land. Bei der Ausstellung hatten wir einen Off-Road-Führer erstanden und unsere Freundin hat den Trip durchgeplant; so sahen und erlebten wir in zwei Wochen eine Menge. Sultan Qabus bin Said al Said regiert sein Land mit Weit- und Umsicht. Überall ist seine Gestalt in Form großer und kleiner Plakate zu erblicken. War bis in die 70 Jahre des letzten Jahrhunderts der Oman ein unterentwickeltes Land, ist es heute, durch Bildung und Infrastruktur, zu einem wachsenden Staat geworden, der sich mehr und mehr dem Tourismus öffnet. Reichtum hat das Land durch Ölvorkommen und

Erdgas erreicht. Die Architektur ist nicht in die Höhe, sondern in die Breite gewachsen. Lieblich schmiegen sich die kleinen Ansiedlungen und größeren Städte in die Natur und an die Felsen. Ein Muss sind die vielen Wadis. Kristallklares Wasser empfängt uns dort und Dattelpalmen spenden Schatten vor der herunterbrennenden Sonne.

Mit den Jeeps fuhren wir über Stock und Stein, Allradantrieb ist in diesem Land ein Muss. Oft ging es durch Wassergräben. Steckte ein Jeep fest, zog ihn der anderen heraus oder die Einheimischen, *Omanis* genannt, halfen. Diese Menschen zeigen noch eine Freundlichkeit und Liebenswürdigkeit, die wir selten erlebt haben.

Häufig fuhren wir durch Gegenden, wo uns kein anderer Wagen begegnete, Einsamkeit pur. Oft gab es nur den Wind, die heiß vom Himmel brennende Sonne und das Rauschen des Meeres.

Unsere Zelte schlugen wir noch tagsüber direkt am Meer neben den Autos oder in den Wadis auf. Abends entfachten wir das Lagerfeuer und der Campingkocher hatte abwechselnd mit zwei Töpfen zu kämpfen. Reihum war jeder einmal für das Kochen und Geschirrwaschen zuständig. Noch kurz vor Sonnenuntergang sprangen wir ins Meer oder in das kalte Nass der Wadis. Über uns leuchtete der sternenklare Nachthimmel, vor uns rauschte das Meer in immer wiederkehrenden Bewegungen. Von der Hitze des Tages ermattet und mit vollem Bauch verzogen wir uns dann langsam in die Zelte. *Mach mal die Taschenlampe an* oder *Rück mal ein Stück* war gepaart mit *Autsch, das ist mein Fuß* und *Das ist mein Platz* waren noch einige Zeit zu hören, bis dann in unserem Lager Ruhe einkehrte und die Naturgewalten ihr nächtliches Treiben fortsetzten.

Früh am nächsten Morgen waren die Kinder nicht zu halten und ausgelassen tauchten wir als Erstes mit ihnen wieder ins Wasser ein. Danach die obligatorische Dusche: fünf Liter reichten allemal für die komplette Körperpflege.

Um möglichst viel von dem Land zu sehen, schlugen wir unsere Zelte jeden Tag woanders auf. Auf- und Abbau des Domizils lag nun in unserer Hand. Unseren Müll sammelten wir immer ein und entsorgten diesen im nächsten Dorf. Frisches Obst, Gemüse und Wasser kauften wir dabei auch gleich noch ein. Die Gastfreundschaft und Offenheit der *Omanis* ist weit über ihre Grenzen bekannt. Gerne hielten sie uns an und waren für einen Schwatz zu haben: »Hi, where are you from?«, wurden wir oft begrüßt. Als dann »Germany« folgte, öffnete sich uns eine neue Tür der Menschlichkeit. Unseren Männern war sogleich ein Händedruck gewiss. »Good country«, folgte dann im gebrochenen Englisch. »Why?«, fragten wir nach und da stellte sich heraus, dass Sultan Qabus bin Said al Said immer wieder in deutschen Kliniken behandelt wird. Das wissen seine Landsleute zu schätzen und nun auch wir. Unsere süße Reiseverpflegung war jetzt gesichert. »Please take it.« Mehrere prall gefüllte Dattelschachteln fanden in unserem Auto eine neue kurzfristige Heimat.

Fünf-Sterne-Suiten und Behandlung für Familienmitglieder

Den Falken geht es gut in den UAE? Nein, ihnen geht es exzellent! Die Vögel werden umsorgt und behütet, wie ein Säugling in den ersten Monaten und sind Teil der Familie.
Das geht schon seit Jahrhunderten so, der Vogel ist überall präsent; sei es nun auf Geldscheinen, Tankstellen-Logos oder auf offiziellen Briefköpfen. Für UAE-Besucher ist die Beschäftigung mit dem Falken geradezu ein Muss.
Die Zeit der Nahrungsbeschaffung durch diese Jäger der Wüste ist längst Vergangenheit, gewichen einer rein sportlichen Aktivität. Zum Üben mit Vogelattrappen fahren die *Locals* mit ihren Schützlingen gerne in die Wüste. Der Jeep wird vollgepackt und los geht es. So schön die Beschäftigung mit dem Gefieder ist, so sicher kommt es immer wieder zu Flugunfällen und Verletzungen im Feld. Bei diesen Tieren ist guter Rat teuer.
Doch auch dafür gibt es in den Emiraten eine Lösung: In der Hauptstadt Abu Dhabi wurde eigens dazu im Jahre 1999 ein Falkenkrankenhaus in der Nähe des Flughafens eingerichtet. Während unseres fünfjährigen Aufenthalts sind wir mehrmals zur Besichtigung mit unseren Gästen dort gewesen. Die Leitung hat die deutsche Tierärztin Dr. Margit Müller inne, die sich während ihres medizinischen Studiums in München auf Greifvögel spezialisierte. Sie spricht mittlerweile fließend Arabisch, was ihr in dieser rein von Männern dominierten Welt ein wichtiges Hilfsmittel ist und Anerkennung einbringt. Ihre Begegnung mit *Father Zayed* schildert sie als eindrücklich, unvergesslich und bereichernd. Für uns stellt Frau Müller eine Frau dar, die Mut, Kraft und ein langes Durchhaltevermögen aufweist und ihren Platz in ihrer neuen Heimat gefunden hat. Sie wurde

bereits mit mehreren internationalen Preisen für das Hospital ausgezeichnet.

Jährlich absolvieren Tiermedizinstudenten mit der Fachrichtung *Vogelmedizin* aus der ganzen Welt ein Praktikum hier vor Ort. Margit Müller ist ein Allroundtalent: Managerin, Ärztin, Lehrerin und Dozentin in einem, gepaart mit einem guten Händchen für die Vögel und deren Besitzer. Die Familienmitglieder werden hervorragend behandelt und ihre Besitzer mit Samthandschuhen angefasst. Da kommen übers Jahr gesehen mehrere Hunderttausend Euro zusammen.

Täglich gehen hier rund 20 bis 40 Falken durch. Sie sitzen angeleint im Wartezimmer auf Stangen mit grünem Kunstrasen, der gleichzeitig ihre zarten Füße massiert. Auf dem Kopf tragen sie die kleine Lederhaube, die die Augen bedeckt. So sehen sie ganz ruhig aus. Ob sie das wirklich sind, ist für uns nicht erkennbar. Zur Sicherheit besprüht ein Pfleger die Vögel mit Wasser, damit sie nicht über Füße und Haut dehydrieren.

Manche Falken bleiben länger, andere nur für Pediküre. Dieses Prozedere ist vergleichbar mit der menschlichen Anwendung, nur dass der Falke dafür kurz in Narkose gelegt wird. So kann er zumindest friedlich schlafen und bekommt nichts von der Behandlung mit. Dann ein paar geübte Handgriffe vom Tierpfleger und schon sind die Krallen kürzer. Dann noch feilen, etwas Fett drauf und fertig. Hat sich ein Greifvogel am Gefieder verletzt oder mausert, wissen Ärzte und Pfleger schnell Rat. In unzähligen Schubladen, die wie ein Ersatzteillager wirken, sind verschiedene echte Federn zu bestaunen. Ein geübter Blick, Griff in die entsprechende Lade und schon ist die farblich passende Feder gefunden. Mit Kleber wird diese dann auf den Stumpf aufgebracht, angedrückt und der Vogel erstrahlt wieder in neuem Glanz und ist gerüstet – bis zur nächsten

Mauser. Zeigt ein Tier nach dem Aufwachen natürliche Instinkte und schlägt mit den Flügeln beziehungsweise fängt an zu krächzen, dann ist der Patient auf dem Weg der Besserung und will etwas zu futtern. Zur Belohnung gibt es dann frische tote Küken und der nächste Patient wird geholt. Das geht den ganzen Tag so. Für größere Notfälle steht ein modern eingerichteter Operationssaal mit jeglicher Hightech zur Verfügung. Computerunterstützte Operationen sind hier die Norm, nicht die Ausnahme.

Hat ein Scheich einen Schwung neuer Tiere aus Deutschland oder Österreich bestellt, werden die Falken vor Vertragsabschluss von Frau Dr. Müller auf Herz und Nieren untersucht. Erst dann wechseln sie den Besitzer.

Die Klinik ist das größte Krankenhaus der Welt, in dem Falken behandelt werden. Aus den Anrainerstaaten wie Saudi Arabien, Qatar, Kuwait und Bahrain lassen die Falkner ihre Vögel per Privatjet einfliegen. Bei einem Flug mit *Etihad Airways* kann es passieren, dass ein Falke mit gültigem *Pet-Passport* einige Reihen weiter Platz nimmt. Den Vögeln bis drei Kilo Körpergewicht ist es erlaubt *Diamond First Class* bis *Coral Economy Class* zu fliegen. Sie bezahlen das Dreifache der normalen Übergepäck-Raten auf der Reise und ihre Besitzer entscheiden über zusätzliches Gepäck.

Der Rundgang im Hospital erstreckt sich mittlerweile auch über den Außenbereich mit Freiflugvoliere, Fütterung der Vögel und Einzelkabinen (Suiten) der Greifvögel. Wir werden über die Jagdeigenschaften der Falken und die Vorzüge der weiblichen Vertreter dieser Spezies informiert. Zum Jagen werden in der Regel die Weibchen eingesetzt. Die Saison beginnt im Winter und endet im Sommer mit der Mauser. Außerdem kann man in Formalin eingelegte Exponate aus den Vogelkörpern bestaunen, zum Beispiel Endoparasiten wie Bandwürmer oder verschiedene Bakterien und Pilze sowie ein mit Tuberkulose infiziertes Herzstück. Oft sind die Vögel mit Peilsender ausgestattet und können vom Besitzer während ihres Freifluges geortet werden.

Seit einiger Zeit ist noch ein Hotel beziehungsweise eine Aufnahmestation für herrenlose Hunde und Katzen dazugekommen. Häufig setzen *Exparts* zum Ende ihrer Arbeitsverträge oder zu Beginn der Sommerferien die Tiere einfach auf die Straße. Diese irren dann ziellos herum, werden aufgegriffen und in die Klinik gebracht, geimpft und entwurmt. Meistens bekommen sie noch einen Chip mit entsprechenden Daten eingesetzt. Regelmäßige Pflege und helle, freundliche Käfige sind ihr neues Zuhause, in dem es Nahrung und Wasser gibt. Sie warten auf ein neues Frauchen oder Herrchen.

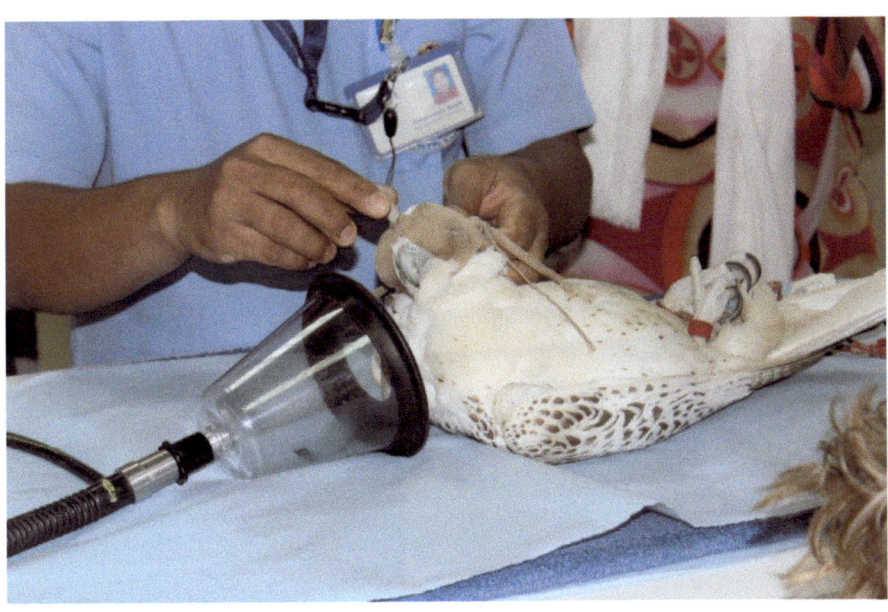

Wüstenschiffe unterwegs

Schnell sind sie allemal und ökologisch noch dazu, auch wenn der Schein zuerst trügt. Normalerweise trotten sie gemächlich dahin und bleiben beim kleinsten grünen Spot in weiter gelber Wüste stehen, um ein Mahl einzunehmen – der Ausspruch *Du dummes Kamel* ist hier gänzlich falsch am Platz –, dabei schieben sie ihre großen Lippen hin und her, um noch einen weiteren Halm zu ergattern.

Der Zauber des Orients wurde bei mir bereits in die Wiege gelegt, als die Märchen aus *Tausendundeine Nacht* zur allabendlichen Vorlesungsrunde gehörten. Die größte Wüste auf der Arabischen Halbinsel ist nicht öde und leer, sondern sie ist von einem reichen Leben bei Tag und auch bei Nacht geprägt.

Das jährliche große Festival der Kamelfans und Rennbegeisterten findet in der Wüste Liwa statt. Zehn Tage lang kann jeder, ob Emirati oder Expart, jung oder alt, Kamele bestaunen, Rennen sehen und die Kür zum schönsten Tier miterleben. Die hochgezüchteten schnellsten Wüstenschiffe der Welt werden zuvor schamponiert, geföhnt und frisiert. Im hauseigenen Pool können sie baden und sich auf englischem Rasen ausruhen – welch ein herrlich tierisches Leben!

Doch das war nicht immer so. Arabischen Beduinen, die seit Jahrhunderten durch die Wüste ziehen und sich von der Sonne und den Sternen leiten lassen, ist das Tier ein wertvoller Besitz, um über den heißen Sand Produkte mit anderen Völkern auszutauschen oder die Milch der Tiere zu trinken. Die Tellerfüße der Kamele sind optimal an die Bedingungen angepasst und verhindern ein Einsinken im Sand und die langen Wimpern schützen vor Flugsand. Eine eigentümliche Partnerschaft zwischen Mensch und Tier begegnet uns in diesem Teil der Welt. Die sich bis zum Horizont erstreckende Weite aus Dünen mit gelbem und rotem Sand, die bis zu 300 Meter hoch werden und ihren Standort immer wieder verändern, spenden absolute Ruhe bei Nacht. Manches Mal schiebt sich ein spärlicher Grashalm durch die Sanddecke und sucht sich seinen Weg ans Sonnenlicht, das tagsüber mit bis zu 70 Grad herunter brennt. Außer den Kamelen überleben hier auch Skorpione, Wüstengeckos, Hornvipern und arabische Oryx.

Heutzutage hat das Wüstenschiff fast gänzlich seine Funktion verloren. Bedeutungsvoll ist es aber immer noch mit einer anderen Akzentuierung: Was den Engländern das Pferderennen ist, das ist den *Emiratis* das Kamelrennen. Gleich nach den Falken, Autos und Palästen kommen diese Tiere. Sie werden teuer gehandelt. Für ein schnelles und gutes Rennkamel müssen schon mal mehrere Millionen Dirham auf den Tisch geblättert werden. Da tut es nichts zur Sache, wenn die Tiere häufig mit Eseln und ihrer Sturheit verglichen werden.

Menschliche Jockeys treten hier gegen hochmoderne Roboterjockeys an. Nur die Besten der Besten bei Mensch und Kamel werden für das Rennen zugelassen. Jeder Scheich der sieben Emirate hat seine Kamele am Start. Ein Wettlauf um den ersten Platz beginnt. Wird es Dubai, Abu Dhabi, Fujairah oder gar ein anderes Emirat sein? Sicher ist nur: der Besitzer des Siegertieres kann einen satten Gewinn einstreichen. Meist winken Luxuskarossen und Geldgewinne.

Laufen die Tiere zu Höchstform auf, ziehen die *Emiratis*, die neben der Rennstrecke mit ihren Jeeps dahinrasen, ihre Fernbedienung aus der Tasche und steuern den Jockey-Roboter. Dieser zieht die elektronische Peitsche und prügelt die Tiere voran. Spindeldürr, mit langen dünnen Hälsen und Beinen wie Weidenstöcke, geben die Tiere auf einer vier Kilometer langen Rennbahn ihr Letztes oder besser gesagt ihr Bestes. Egal ob das Rennen bei schönstem Sonnenschein oder Sandsturm stattfindet: gerannt wird auf jeden Fall.

Auf der Zuschauertribüne gibt es in den vorderen Reihen reservierte Plätze für die *Locals*, die mit kleinen Köstlichkeiten verwöhnt werden. Die Zuschauer der anderen Nationalitäten nehmen rechts und links der Tribüne Platz. Sicherheitspersonal sorgt für einen geordneten Ablauf. Fernsehen und Presse zeichnen das Rennen minutiös auf. Für uns gibt es Wasser und Saft frei Haus – das ist hier so üblich bei Veranstaltungen.

Der traditionelle *Stocktanz* der Männer und der *Tanz der langen schwarzen Haare* der Frauen fehlen auch nicht. Die unverschleierten Mädchen tragen ein kräftiges orangefarbenes Kleid zur Schau, welches in starkem Kontrast zu ihren schwarzen bis auf die Taille hängenden Haaren steht. Die Männer singen und schlagen auf ihre Stöcke und die jungen Frauen bewegen sich rhythmisch dazu. Im Tanz geht es um Liebe, Glück, Zuversicht und Gesundheit. Dieser traditionelle Tanz der Beduinen wird in zwei Reihen getanzt. Ihre Stöcke kreisen ununterbrochen vor dem Leib oder werden über das Haupt geschwungen. Früher nutzten die Einheimischen die Hölzer, um ihre Kamele zu kontrollieren. Stolz und Zuversicht sind auch heute noch aus ihren Haltungen und Gesichtern zu lesen.

Dann ertönt der Startpfiff. Noch können wir die Meute nicht sehen, nur laute Pfiffe und Zurufe sind zu hören. Dann wird es in der Menge lauter. Menschen eilen von ihren Plätzen auf der Tribüne zur Rennbahn. Das Aufsichtspersonal hat alle Hände voll zu tun, doch nicht gerne wird den *Westlern* gesagt, sie sollen wieder zurückgehen. Dann wird ein dunkler Schatten in 50 bis 100 Meter Entfernung gesichtet. Ja, da kommen sie. Der *Camelspeed* beträgt knapp 60 km/h. Die Jeeps jagen nebenher. Ihre Fahrer hupen wie verrückt. Die Meute bebt und schreit. Wir treten etwas zurück und das erste Wüstenschiff rauscht ins Ziel, der menschliche Jockey drischt unaufhörlich auf das Tier ein und macht dann aus luftiger Höhe einen galanten Satz auf die Erde. Manche kommen stehend auf dem Kamelrücken ins Ziel geritten und winken wie wild, andere trotten zu Fuß hinter ihrem davonpreschenden Kamel her. Irgendwie schaut der Höcker komisch aus, wie abgebunden und ziemlich klein. Das ist bei einem Rennkamel hier so gewollt, denn verwendet wird ein einhöckriges Dromedar. Danach bewegen sich die Tiere mit ihren Stallburschen in ihre Nobelherbergen zurück und genießen eine Runde Heu.

Drumherum bieten fliegende Händler ihre Ware feil. Ein buntes, fast multikulti anmutendes Treiben. Schmuck, Teppiche, Küchengeschirr, Decken, Kleider, Kulinarisches und vieles mehr wird angeboten. Wir sind die Einzigen, die sich zu Fuß an den Ständen vorbeibewegen. Normalerweise fahren *Locals* langsam mit dem Jeep an den Tischen vorbei und schauen sich die Waren aus dem Auto heraus an. Haben sie einen Gegenstand entdeckt, wird gewunken und der Händler kommt sogleich ans Fenster. Der Preis wird ausgehandelt und schon geht die Heckklappe auf. Schnell wird das Gekaufte darin verstaut.

Auf dem Heimweg nehmen wir noch einen Arbeiter aus Afrika bis zur nächsten Kreuzung mit und er ist überglücklich. Im Auto bleibt ein Hauch von Dung, Heu und Schweiß zurück.

Nicht weit von Dubai geht es für die dortigen Kamele gemächlicher zu; rennen müssen sie nicht, sie wandern gemächlich vom Stall zum Melkstand und wieder zurück, säugen zwischendurch ihren Nachwuchs und schlagen sich den Bauch mit Heu aus Europa oder China voll. Hier ist die größte *Camelfarm* der Emirate, im Besitz von Sheikh Rashid bin Mohammed. Mehrere Tausend Tiere leben und produzieren in der Dubaier Wüste Kamelmilch für Schokolade, Eis und andere Milchprodukte.

Zur Besichtigung sind die Sicherheitsstandards weit oben angesetzt: Schutzhaube, -schuhe und -kittel sowie Händewaschen und Desinfizieren sind ein Muss. Der Mitarbeiterstamm setzt sich aus einem deutschen Manager und arabischen sowie asiatischen Arbeitern zusammen. Leider ist durch die in den letzten Jahren vorkommenden viralen Infektionen der Rundgang nur eingeschränkt möglich. Für eine Verkostung reicht es trotzdem und die Vollmilchschokolade ist ein Genuss.

In Planung ist eine Art Schulbauernhof in dem Schulklassen die Habitate von Kamelen im Sinne von *Father Zayed's* pädagogischem Verständnis erlernen können. Dazu soll auf dem Gelände ein Stück Areal abgezäunt werden. Hier können die Kinder das Melken der Tiere üben und bei der Milchverarbeitung in Zukunft mithelfen.

Ach Wollfaden, wie schön ist das Leben. Die Arbeit ruht, freie Zeit und Muße stehen im Vordergrund.

Spätzle gibt es auch am Golf

Essen, was das Herz begehrt? Ja, das können wir in den UAE. Kein Stern, ein Stern, oder gar fünf Sterne – wer die Wahl hat, hat die Qual. Wir gehen pragmatisch ans Werk und probieren in unseren fünf Jahren Aufenthalt so allerlei aus. Essen uns quer durch die kulinarische Welt: libanesisch, thailändisch, eritreisch, arabisch, marokkanisch, chinesisch oder französisch, englisch, amerikanisch .

Es braucht auch niemand in diesem Teil der Welt auf Schnitzel und Sauerkraut zu verzichten, sogar das gibt es, gepaart mit echtem deutschem Bier. Das Oktoberfest ist hier eine beliebte Einrichtung, nicht nur für Westler! Jedes Jahr finden in Dubai und Abu Dhabi die Fassanstiche statt. Zünftig mit Dirndl und Lederhosen eingekleidet, erscheinen die Gäste bei 40 Grad im Schatten. Geschunkelt und gemunkelt wird dann bei original bayrischer Musik.

Doch nicht nur bayrisch, auch schwäbisch geht es zu am arabischen Golf. Unsere altgediente Spätzlemaschine hat bereits Zehntausende von Kilometern hinter sich gebracht und presst immer noch die langen dünnen Gebilde ins heiße Wasser. Meist gibt es dazu Linsen, aber nicht immer mit Saitenwurst, da sich unser Schweinefleischkonsum drastisch minimiert hat – irgendwie passt das für uns nicht in den Mittleren Osten.

Seit jeher gilt in der muslimischen Welt das Essen von Schweinefleisch als *unrein*. Da kann es passieren, dass beim deutschen Botschaftsempfang zum Jahrestag des Mauerfalls deftiges Schweinderl auf den Tisch kommt und die am Tisch sitzenden muslimischen Gäste fluchtartig die Tafel verlassen. Die großen Supermärkte haben einen abgetrennten Raum mit Schiebetüre für *Non Muslim* eingerichtet. Hier werden wir von nichtmuslimischen Mitarbeitern bedient und die Schweinefleischpalette erstreckt sich über mehrere Meter Importe aus Österreich oder Deutschland.

In den Wintermonaten, wenn sich erträgliche Temperaturen zum Draußensitzen einstellen, laden wir gerne Gäste ein. Der Grill wird aktiviert, das Lagerfeuer im Garten angezündet und Kerzen entfacht. Was wir brutzeln sind Gemüsespieße, Lammfilet, Rindersteak und Geflügel in mehreren Varianten. Dazu gibt es verschiedene Salate und Bier oder Wein. Zu Beginn meiner Tätigkeit hatten wir uns eine Alkohollizenz besorgt. Die zulässige Menge an Alkohol wird am Jahreseinkommen festgemacht. Dazu gibt es eine offizielle Bestätigung durch die Botschaft. Mein Mann besorgt ab und an auch ohne Nachweis Alkoholisches. Wohl ist mir dabei nicht. Sollte er einen Unfall haben, kann das desaströse Auswirkungen nach sich ziehen, sogar Gefängnis. Alkohol wird in allen Emiraten, außer in Sharjah, ausgeschenkt, aber nur in Hotelbars und einigen Restaurants mit spezieller Erlaubnis. So wie in Deutschland ist es nicht. Es wurden eigens dafür sogenannte *Bottleshops* eröffnet, von außen nicht zu erkennen; kein Fenster und keine Werbung. Jedoch weiß jeder Einheimische und *Expart*, wo sich solche Geschäfte innerhalb der Stadt befinden. Sie sind auch daran zu erkennen, dass Kunden mit braunen, blauen oder weißen Tüten zum Auto marschieren. – Und nur dahin. Nie haben wir Menschen auf den Straßen gesehen, die ihren erstandenen Alkohol mit diesen Tüten durch die Gegend tragen. In all den Jahren haben wir keine Betrunkenen oder trinkende Personen an öffentlichen Plätzen und Parks gesehen. Für uns eine Erholung zu deutschen Auswüchsen. Jeden Sommer in Deutschland waren wir irritiert und befremdet, wenn junge oder ältere Menschen, weiblich wie männlich, bereits am Morgen mit einer Flasche Bier beziehungsweise Wein durch die Gegend torkelten.
Häufig beobachten wir, dass große Jeeps mit verdunkelten Scheiben vor die Shops fahren. Zweimal hupen und schon kommt ein Mitarbeiter herausgerannt, nimmt durch das nur Spaltbreit geöffnete

Fenster des Autos die Bestellung entgegen und keine fünf Minuten später wechseln volle Plastiktüten und Geldscheine die Besitzer. Araber eben. An einige Barbesuche werde ich mich immer erinnern, denn sie zeigen ein ganz untypisches Bild dieses Landes: arabische Männer in ihren Dischdaschas vor einem Bier oder Hochprozentigem an der Theke, zusammengesunken und taub für ihre Umwelt. Wie befremdlich und zugleich doch so menschlich. Der Islam verbietet jeglichen Genuss von Alkohol.

Anders bei einem Freitagsbrunch: Hier gehen uns das Herz und die Nase auf; eine kulinarische Augenweide für alle, ob großer oder kleiner Erdenbürger. Meine Tochter sprüht vor Begeisterung über die immense Vielfalt an unterschiedlichen Speisen und die schöne Dekoration des Essens, egal ob in einem Vier- oder Fünf-Sterne-Restaurant der unzähligen Hotels vor Ort. Meistens gehen wir einmal im Monat zum Brunchen. Entweder allein oder mit Freunden. Zur Mittagszeit wird dann bis zum Kaffee geschlemmt. Begehrt sind dabei große Hotels wie *Eastern Mangroves Hotel & Spa by Anantara, Shangri-La, St. Regis, Jumeirah at Etihad Towers* oder *Sofitel*. Jede Kette versucht die anderen Betreiber zu übertrumpfen, doch das Sortiment ist kaum zu überbieten im Fünf-Sterne-Bereich. Die Atmosphäre und das Sitzequipment sind für den einen oder anderen eher ein ausschlagendes Kriterium. Gerne sitzen wir bei den winterlichen Temperaturen draußen an der frischen Luft und genießen die milden Sonnenstrahlen.

Meist kaufen wir einen Gutschein über *Groupon* oder *Cobone*, um bis zu 50 Prozent günstiger in den kulinarischen Luxus der Besserverdienenden einzutauchen. Über das Internet geht das ganz einfach und schnell und so wird zum Beispiel der *Five o'Clock Tea* im *Burj al Arab* in Dubai zu einem halbwegs bezahlbaren aber unvergesslichen Erlebnis. Einmal High-Society-Luft schnuppern ist das Motto. – Das hat die amerikanische *Group, Inc.* frühzeitig erkannt und bietet eine Vielzahl von Discountangeboten an. Wüstentrips sind genauso zu finden wie Segelkurse, Massagen und Poolbenutzung bei einigen Fünf-Sterne-Hotels. Und was wir kostenlos noch dazubekommen, ist hundertprozentiger Schutz unserer Wertsachen beim Gang zu Toilette, Büffet- oder Raucherbereich. Die Handtasche bleibt einfach am Platz, wir sind sicher, dass nichts fehlen wird.

Wer schwindelfrei ist, schaut im Hotel *Hyatt Capital Gate* vorbei. Im 18. Stock befinden sich das Restaurant und die Lobby – ein herrlicher Blick auf prächtige Villenanlagen und Meeresinseln. Die Außenterrasse wird im Sommer nur von Rauchern benutzt, da die Temperaturen weit über 50 Grad erreichen. Im Winter ist es ein herrlicher Platz zum Essen.

Der Ablauf ist bei allen Hotels und Restaurants gleich, telefonische Buchung ein Muss. Am Eingang wird man abgeholt und zu einem Tisch geleitet. Entspricht der vom Personal gewählte Tisch nicht den Erwartungen, ist es problemlos möglich einen anderen Tisch, wenn es noch freie gibt, zu wählen. Jeder oder fast jeder Wunsch wird einem Gast erfüllt. WiFi gibt es kostenlos dazu. Der Ober trägt die verschiedenen buchbaren Möglichkeiten vor, *Gold* bedeutet zum Beispiel, im Preis ist Alkohol inbegriffen. Bei *Diamant* gibt es die Steigerung zum Champagner und *Silber* bedeutet nur antialkoholische Getränke. Dazu die obligatorische Flasche Wasser.

Meist buchen wir das Essen ohne Alkohol, uns zieht es zum Buffet. Hier ist für jeden etwas dabei: deftig und zart, bunt und weiß, heiß und kalt . Alles mit kleinen Spielereien und Verzierungen – eine Augenweide. Wir fangen langsam mit den Salaten beziehungsweise Suppen an, dann folgen in mehreren Etappen die Hauptgänge und schließlich das Dessert.

Interessant ist zu beobachten, dass die Gäste aus dem arabischen Raum ihre Teller anders gestalten als wir Europäer. Ich bin so erzogen worden, dass man nur das auf den Teller gibt, was man anschließend auch aufisst. Hier ist das anders: Die Menschen laden ihre Teller mit Essen voll und stellen diese in die Mitte des Tisches. Jeder am Tisch kann sich bedienen. Eine soziale Geste allemal. Oft bleiben aber Berge an Essen übrig und wandern in die Küche zurück.

Die kleinen Erdenbewohner haben sich einen Sport ersonnen, wie sie so schnell als möglich an den Nachtisch, respektive Eis kommen. Sie nehmen einfach ihre Löffel mit und essen direkt am Büfett aus den Eisbehältern. Die Kellner haben alle Hände voll zu tun, hier für Ordnung zu sorgen, denn mit *Knigge* kommen sie nicht weiter.

Die Gerichte sind mit Kräutern und Gewürzen verfeinert und können schon mal die eine oder andere Träne hervorlocken. Speziell die asiatische Küche würzt gerne mit Peperoni und Chili. Oft betone ich bei der Bestellung eines frisch zubereiteten Fleisches oder Gemüses, dass ich es nicht scharf möchte. Ein Lächeln des Koches ist mir gewiss. »No spicy Madam«, höre ich dann. Trotzdem speie ich im Anschluss Feuer. So ist das hier! Reis wird mit Rosinen und Pinienkerne serviert und schmeckt hervorragend zu Kalb- oder Lammfleisch, welches über dem Grill gegart wird.

Als Dessert bevorzugen wir *Umm Ali*, das ist meine Lieblingsnachspeise, ein Brot aus Pistazien, Rosenwasser und Mandeln, in Milch gekocht. Es sieht aus wie eingeweichtes Weißbrot, schmeckt aber tausendmal besser! Dazu noch die berühmten Honigbällchen *Ligemat*, die mit einer warmen Honigsoße übergossen werden. Um den süßen Gaumengenuss etwas zu mildern, bieten die Restaurants marokkanischen Tee oder einen aromatischen arabischen Kaffee an.

Gegen drei Uhr am Nachmittag sind wir pappsatt und das Abendbrot wird sicher an diesem Tage ausfallen.

Meinen Mann zieht es trotzdem immer wieder *downtown* in die kleinen Restaurants der Libanesen, Inder, Pakistani und Ägypter.

Seine Lieblingsgaststätte ist in der 6. Straße. Eine Variation von arabischen Essen ist dort zu finden: *Humus, Taboule, Warak Enab, Makbous, Shaeama, Falafel*, um nur einige zu nennen. Zu jeder Mahlzeit reichen sie *Hasenfutter*, wie ich es nenne: Salatblätter, Möhren- und Gurkenstifte, Oliven, eingelegten Blumenkohl, Essiggurken und *Khameer*, eine Art Fladenbrot. Selbstverständlich isst man mit den Händen.

Oft befinden sich nur vier bis acht Tische in den Räumlichkeiten mit integrierter Küche hinter Glasscheiben und es geht zu wie in einem Taubenschlag. Mit unseren Besuchern aus Deutschland sind wir dort regelmäßig zu Gast und haben immer eine außergewöhnliche und einprägsame Zeit in diesen Lokalitäten erlebt. Intensive Gespräche bei arabischem Essen, für mich in den ersten und vor allem anstrengenden Jahren eine lieb gewonnene Abwechslung zum Schreibtisch am Wochenende. Speziell am Abend, nach Sonnenuntergang, verwandelt sich jedes Restaurant, und sei es noch so klein, in einen geschäftigen Betrieb. Da trifft Afrikanisch auf Europäisch, Asiatisch und Arabisch. Da wird geschwatzt, gegessen, bestellt und *Take-away* geordert, und das bis weit nach Mitternacht. Laut ist es allemal, an Schlafen nicht zu denken, aber das gehört dazu.

Feilschen um jeden Preis

Der Geruch nach Tieren und ihren Ausdünstungen verfliegt im Wind, die gedanklichen Konzepte zu weiteren pädagogischen Exkursen sind beiseitegeschoben und unsere Nasen nehmen ein Odeur aus Rosmarin, Rosenwasser, Lavendel und Gewürzen wie Kardamom, Anis und Curry auf. Unsere Ohren sind gespitzt, denn fremd anmutende Klänge mit gutturalen Lauten sind zu vernehmen, und zwar in den *Souks*, den Basaren der Emirate. Farbenprächtig und Laut geht es zu. Schillernd stehen die leuchtend roten, gelben und grünen Pülverchen in großen Jutesäcken bereit und warten auf Abnehmer. Reisende und Einheimische, jung oder alt, bekommen große Augen, wenn sie diese Pracht entdecken. Sie erwecken das Bild eines traditionellen orientalischen Basars, der in architektonisch verpackten Supergebäuden stattfindet, der Markt aus *tausendundeine Nacht* ist einem modernen Vermarktungssystem gewichen. War es in früherer Zeit noch das Wirtschaftsviertel einer Stadt, ist es heute ein Relikt und vergangenes Wahrzeichen der arabischen Kultur. Für die Tourismusbranche wurde der Markt zunehmend attraktiv. Leider ist das Bild des traditionellen Handwerks beiseite gerückt für Luxusgüter, Tücher aus Asien und Lederwaren aller Art. Selten beschlägt ein Kupferschmied vor Ort sein grobes Metall, das können wir nur noch beim *Quas al Hosn Festival* bestaunen. Manches Mal sitzt ein Mann an einem kleinen Tisch und stellt Armbänder her. »Please Madam, please have a look«, werden wir häufig angesprochen. Jeder Verkäufer versucht auf seine Art die Kunden in die Läden zu locken.

In Abu Dhabi entwarf der Stararchitekt Norman Foster das *Souk*-Gebäude, das in seiner eigentümlichen Schönheit zwischen Hochhäusern und viel befahrenen Straßen steht. Es ist aus Beton und erinnert an einen Quader mit terrassenförmigen Stockwerken.

Schon von Weitem sieht man um den Betonklotz angebrachte holzähnliche Konstruktionen, die verblüffend echt dem Naturmaterial nachgebildet sind. Es scheint, als ob durch die bemantelte Außenfassade permanent Luft ins Innere dringen würde, so wie in früher Zeit, als es noch die einfachen Kühlsysteme der Beduinen gab.

Der Markt ist von allen Seiten über Glastüren zu betreten und weist einen inneren zentralen Treffpunkt auf. Um diesen Platz ziehen sich quaderförmig kleine Läden mit Souvenirs aus der arabischen Welt. Früher waren die Märkte im Orient ein Ort des gesellschaftlichen Lebens, hier wurde getratscht und gekauft, gefeilscht und gewonnen. Heute ist es zwar immer noch ein Ort des regen Handelns, doch die westliche Einkaufskultur ist auch hier sichtbar.

Beim Eintreten erlischt der Lärm von draußen und eine eigene, bezaubernde Atmosphäre entsteht. Unsere Gäste bekommen meist große leuchtende Augen, vor allem der Gewürzmarkt hat es ihnen angetan. In riesigen Jutesäcken werden dort die fein duftenden Kräuter in allen Farben angeboten. Man bekommt mal hier mal da eine Probe und am Dattelstand gibt es die süßen Früchte in allen erdenklichen Varianten: mit Mandeln, Rosinen oder Kokosnuss gefüllt oder mit Vollmilchschokolade überzogen. Speziell die Früchte aus der Wüste Liwa haben nicht nur unsere Geschmackssinne erobert, sondern auch die unserer Freunde und Verwandten. Im Sommer profitieren sie von unseren mitgebrachten Datteln.

An manchen Ständen locken Händler mit Billigpreisen, doch die Regel ist das nicht. Eher werden wir mit verhaltener Geste in den Raum gebeten. Sicher wollen die Kaufleute etwas verdienen, doch bei Westlern, das haben sie bereits bemerkt, ist mit einer unaufdringlichen Haltung weit mehr zu erreichen, als mit der landestypischen Verhaltensweise.

Rot und gelb leuchten Curry und Paprika. Rosenblätter, die hier zur Herstellung von Rosenwasser oder Nachspeisen benötigt werden, verströmen ihren unwiderstehlichen Duft über den Jutesack hinaus. Der Händler weist auf die Anbaugebiete im Oman hin. Wir nehmen einige Blätter in die Hand, zerreiben diese und riechen: einfach umwerfend. Die Inhaltsstoffe sind Gerbstoffe und ätherische Öle wie *Citronellol* und *Geraniol*. Ursprünglich kommt die Rose aus Persien, doch wird sie heute auch in Länder am arabischen Golf angebaut. Von Hand werden die Blütenblätter gepflückt – welch mühsame Arbeit – und über einfachste Destillationsapparaturen die ätherischen Öle gewonnen. Außerdem haben Rosenwasser und Rosenöl eine adstringierende Wirkung, da sie auf der Oberfläche der Schleimhäute (zum Beispiel in der Nase) einen Gerbstoff-Protein-Komplex bilden. Dieser ist unlöslich und bildet eine Schutzschicht gegen Viren und Bakterien, wie uns bei einem Omanbesuch ein Rosenanbauer weit oben in den Bergen mitteilte.

Gleich daneben befindet sich ein Stand mit reinem Weihrauch von der *Weihrauchstraße*. In kleinen Duftlampen werden quadratische Stücke verbrannt. Ich persönlich mag diesen schwer anmutenden Geruch nicht, doch er vertreibt die kleinen fliegenden Plagegeister im Garten. Unsere begeisterten Camperfreunde haben den Geruch für sich entdeckt und der Verkäufer kann sich freuen, da sie einige Gramm davon mit nach Hause nehmen. Zuerst geht es um die Qualität der Stücke und als Nächstes um den Preis. Sie feilschen was das Zeug hält. Letztlich hat sie ihn auf gut ein Drittel des ursprünglich angesetzten Wertes runtergehandelt. Für beide ein Erfolg, denn er verdient auch daran noch einige Dirham und jeder ist glücklich! Das macht einen Einkauf im Souk so reizvoll. Eine etwas andere Kauferfahrung gibt es in den Wintermonaten im *Mushrif-Park*, am *St. Regis Hotel* und in der *World-Trade-Center-Mall*. Die ökologische Branche scheint langsam trendy zu werden. Spezielle Märkte wurden dazu erschaffen. Hier gibt es Gemüse und Obst aus heimischen Gärtnereien, die ungespritzte Naturalien höchstbietend verkaufen. Doch nicht nur das, auch Kleinkunsthandwerk und verschiedene Naschereien. In der Modekunstszene treffen sich arabische und westliche Kulturelemente und kreieren eine ganz neue Linie für Jung und Alt.

Auch wenn in den Megastädten der UAE die kleinen Malls durch riesige voll klimatisierte Einkaufszentren ersetzt werden, ist nach wie vor ein Hauch von Orient zu spüren. Nicht zuletzt durch die traditionelle Kleidung der Verkäufer und Kunden. Man sieht Paare, Familien, Teenager und Singles, alle auf der Suche nach dem ultimativen Kick beim Shoppen. Für jeden Geldbeutel ist etwas dabei. Speziell im Sommer sind die kühlen Hallen eine wohltuende Abwechslung zu den heiß brennenden Sonnenstrahlen. Und wem das noch nicht kalt genug ist, der kann sich zum einen in Dubai in die Skihalle begeben und dort voll ausgerüstet Wintersport betreiben, zum anderen in die *Ice Lounge Bar* einkehren und bei Minus drei Grad mit Winterbekleidung, die gestellt wird, einen Kaffee oder Tee trinken. Für die Kinder steht eine Eisrutsche zur Verfügung und die Iglus sind mit Schaffellen ausgestattet, damit der Allerwerteste sich nicht erkältet. Die Kleidung wandert selbstverständlich danach in die Reinigung. Ein großer Spaß für die ganze Familie, der weit von der Wirklichkeit entfernt ist und nichts zum Feilschen hergibt.

Nadelstiche und Wohlfühloasen

Heute gehe ich einer Tradition nach, die älter als 2000 Jahre ist und immer noch voll im Trend liegt: Akupunktur. Dr. Hu ist mein Ziel. Der Besuch lohnt sich. Direkt an einer großen Kreuzung, die täglich von Tausenden von Fahrzeugen zum Leben erweckt wird, steht ein *kleines* Hochhaus mit nur 16 Etagen. Ununterbrochen rollen die Blechkisten vorbei. Der Eingang des Hauses liegt nach hinten in einer Seitenstraße. Hier sind zwar viele Parkplätze ausgewiesen, doch meistens sind alle besetzt. Morgens um neun ist bereits reger Betrieb. Pick-ups und Lkws bringen frische Waren.

Im Erdgeschoss haben sich kleine Shops angesiedelt: ein Metzger, ein Friseursalon für Männer (das ist in der arabischen Welt strikt getrennt), ein Schneider, ein Kopierladen und an der Längsseite des Hauses, gleich neben der anschließenden Moschee, ein traditioneller arabischer Bäcker – der Meister hat ein weißes T-Shirt an und von den Hüften bis zu den Zehen ist er in weißes Tuch gehüllt.

Als ich ein Brot bestelle, zieht er das Tuch etwas hoch, aber nur soweit, dass er auf der Pritsche gleich neben dem Ofen in den Schneidersitz kommt. Der Teig wartet bereits in einer mehlbestäubten und mit einem Tuch abgedeckten Schüssel zur weiteren Verarbeitung. Die Glut verbreitet zusätzlich zu den Außentemperaturen im 40-Grad-Bereich eine schweißtreibende Hitze. Er grinst und fängt an, den Hefeteig zu bearbeiten. Klatsch, klatsch und der Klos landet auf dem bemehlten Brett, wird kräftig geknetet, hier und da noch gezogen, flach ausgerollt und schon ist ein dünner Fladen entstanden. Er wirft ihn in den Ofen. Dort bleibt er wundersamerweise an der Seitenwand kleben und bläht sich langsam auf. Ein verführerischer Duft zieht an meiner Nase vorbei und mir läuft das Wasser im Mund zusammen. Fünf Minuten später ist das Brot fertig; heiß und lecker.

Gleich neben dem Laden ist eine Moschee, wo bereits viele Männerschuhe auf ihre Besitzer warten. Große und kleine, schwarze, braune und weiße Sandalen sind in Reih und Glied aufgestellt. Dazwischen sitzen auf Platikstühlen Männer arabischer Herkunft und trinken zusammen Tee. Ein laues Lüftchen weht und fremdsprachliche Laute, vielleicht ein Gebet, dringen an mein Ohr; buntes Treiben zu jeder Tages- und Abendzeit. Dabei geht mir das Herz auf und ich verspüre eine Lust am Leben, ein Freiheitsgefühl wie lange nicht. Es steigt vom Bauch langsam Richtung Herz auf und ist sicher von meinem Gegenüber an meinen Körperbewegungen und der Mimik zu erkennen.

Gestärkt zur frühen Stunde wird mein Schritt sogleich beschwingter und schon biege ich um die Ecke und gelange zum Eingang des Hauses. Die Praxis von Dr. Hu liegt im Hochparterre. Das Foyer ist im typischen Stil der Hochhäuser dieser Stadt gestaltet; nicht gerade sauber, eher schon abgenutzt von Tausenden von Schuhen, die über die Jahre hier mit ihren Trägern durchkamen. Speckig sieht der weiß-graue Marmor am Boden, an den Wänden und an der Decke aus, unterbrochen von überdimensionalen Spiegeln, in denen ich mich von allen Seiten sehen kann. Überwachsungskameras in jeder Ecke. Meistens sitzt ein Sicherheitsmann im Eingangsbereich, der aber mehr mit seinem Handy als mit dem regen Kommen und Gehen beschäftigt ist.

Der Treppenaufgang ist dunkel und schmuddelig, der Laufgriff sieht fettig und schmierig aus. Oben angekommen, erwartet mich ein heller, mit Kunstlicht durchfluteter Gang. Es riecht nach Essen. Zwiebeln und Fleisch scheinen schon zum Frühstück auf dem Speiseplan zu stehen. Mehrere Türen gehen ab. Rechts geht es rum und schon ist das Symbol der Praxis sichtbar. Gegenüber wird hinter einer Wohnungstüre lautstark debattiert.

Die Praxis ist eigentlich eine ganz normale Wohnung, in deren Flur sich ein kleiner Tresen befindet, hinter dem sich ein älterer Ägypter namens Youssef aufhält. Eine männliche Sprechstundenhilfe hatte ich bis dahin auch noch nicht erlebt. Eine skurrile wie auch sehr, sehr freundliche Gestalt. Meistens ist er gut gelaunt und begrüßt mich mit einem lauten »Salam aleikum, how are you, Mrs. Susan.« So richtig klar ist nicht, wie die Anmeldung funktioniert, aber bezahlt wird bei ihm. Da wechselt er die großen Scheine aus seiner Geldbörse heraus, schreibt in arabischer Sprache hierhin und dorthin und im Hintergrund plärrt ein Fernseher in der Größe einer Kinderschuhschachtel seine arabischen Soaps heraus. Neben dem Tresen sind vier Stühle als Wartebereich an der Wand aufgereiht.
Insgesamt gibt es vier Behandlungsräume; kleine Kammern mit und ohne Fenster, jeweils 5 – 8 m^2 groß. In den Räumen ist ein Umdrehen nur schwer möglich, so eng ist es. Gerademal eine Liege, ein Stuhl und eine Heizlampe passen hinein. Die Vorhänge zur Straße sind zugezogen und immer brennt das Licht von der Decke herab. Tagaus, tagein. Außer freitags, da ist Ruhetag.
Zuerst findet ein Gesprächstermin im Zimmer des Arztes statt. Dr. Hu fordert mich auf zu erzählen, warum ich hier bin. Heute ist es das Rauschen im linken Ohr. Dann bittet er mich meine linke Hand mit der Handinnenfläche nach oben auf ein rotes Samtkissen zu legen. Dr. Hu fühlt den Puls und schon werde ich in ein Behandlungszimmer geleitet.
Youssef bereitet ein Lacken über der Behandlungsfläche aus und wünscht mir gutes Gelingen. Für mich heißt es jetzt: bis auf die Unterwäsche ausziehen, auf den Rücken legen und warten. Die Wände der abgetrennten Kammern sind in schlichtem Gelb gehalten und erreichen keine Deckenhöhe; so können alle Geräusche mitgehört werden. Manchmal sind das ziemlich laute Töne von Ohs und Ahs sowie Wehschreie Einzelner. Mir wird dabei ganz mulmig.

Akupunktur kann also auch wehtun? War meine Entscheidung richtig, herzukommen? Oder doch besser wieder die schulmedizinische Behandlung in Anspruch nehmen, die keinerlei Erfolg zeigte?
Schon in frühen Kindertagen wurde ich in die Wald- und Wiesenkräuterheilkunde eingeführt. Meine Mutter sammelte jegliche Heilpflanzen von ökologisch einwandfreien Feldern, und weiß Gott, da wuchs so allerlei, was nicht unbedingt als Wirtschaftspflanze am richtigen Ort zur richtigen Zeit blühte. Später erforschte ich selbst Richtungen wie *anthroposophische Heilkunst* und *Homöopathie*. Bis heute ist es mir zu eigen, eine schulmedizinische Behandlungsmethode zu hinterfragen und Alternativen zu suchen. Dr. Hu, ein Chinese, kann auf eine über 30-jährige Erfahrung in Akupunktur zurückblicken. Seine Kunden bringen einen multikulturellen Hintergrund mit. Obwohl eine Lizenz im Gesundheitsbereich und noch dazu als Akupunkteur schwer zu bekommen ist und auch eine Menge Geld kostet, ist er seit 20 Jahren in Abu Dhabi beheimatet und behauptet seinen Platz hier in der Stadt. Somit bleibt das Terrain für mich als Kundin übersichtlich.
Groß und schlank ist er. Vom Alter schwer zu schätzen; 65+ auf jeden Fall. Da er nicht nur seine Kunden behandelt, sondern auch sich selbst, sehe ich ihn oft mit einer Nadel mitten auf der Stirn praktizieren. Er redet nicht viel, steckt hier und da eine Nadel unter meine Haut, dreht diese und schon zucke ich zusammen – autsch, das wirkt wie ein Stromschlag. Nadeln von Kopf bis Fuß. Dann kommt eine Wärmelampe auf den *Solarplexus* und schon ist Dr. Hu entschwunden. Er wird erst wieder in etwa 30 Minuten den Raum betreten.
Akupunktur kann auf eine jahrtausendealte Traditionsform aus China zurückblicken. Waren die Menschen im asiatischen Raum bis in die Neuzeit mit diesen Behandlungsmöglichkeiten vertraut, bereiteten die Engländer, die als Missionare im 19. Jahrhundert den Konti-

nent eroberten, dieser anerkannten Heilmethode abrupt ein Ende (vgl. Tiziano Terzani: *Noch eine Runde auf dem Karussell*). Die Einheimischen wendeten sich von ihren Traditionen ab und den neuen westlichen Einflüssen zu. Erst wieder zum Ende der 50er-Jahre des letzten Jahrhunderts drehte sich das Blatt, da die medizinische Versorgung als miserabel galt und Mao Tse Tung eine zentrale Stellung bei der Rückbesinnung auf Althergebrachtes spielte.

Noch ist wissenschaftlich nicht bewiesen, wie genau Akupunktur wirkt, aber es wirkt und das habe ich selbst erlebt. Dabei werden, durch die Stimulation im Gehirn, vermehrt schmerzlindernde und stimmungsaufhellende Substanzen ausgeschüttet, sogenannte *Glückshormone* wie *Serotonin* und *Endorphin* – und Glückshormone kann ich grundsätzlich gebrauchen. Es kribbelt im Körper manchmal so stark, das mir schwindlig wird und ich rufe: »Dr. Hu, Dr Hu, please come.« Meine Stimme ist gut zu hören. Einige Nadeln müssen raus, das ist sicher. Und dann beruhigt sich mein Organismus wieder.

Nach zehn Sitzungen ist das Rauschen im linken Ohr nicht weg, aber leiser geworden. Da die Ursachen für Tinnitus vielfältiger Art sein können, ist eine Behandlung schwierig, aber nicht hoffnungslos, und ich habe es versucht. Die Rechnungen reiche ich in Deutschland an den entsprechenden Stellen ein, da ich nach wie vor in der Heimat krankenversichert bin, und bekomme davon 50 Prozent erstattet. Grundsätzlich werden hier alle Arztrechnungen, die nicht über eine hiesige Krankenversicherung abgedeckt werden können, in bar gleich nach der Konsultation bezahlt. Wenn mich eine kleine oder große Erkältung sowie massive Nackenverspannungen, durch Stress ausgelöst, einholen, leistet Akupunktur hervorragende Dienste. Sicher würden die Nadeln auch bei den wenigen Erkrankungen meiner Tochter helfen, doch mit ihren zwölf Jahren steht sie dieser Heilmethode äußerst skeptisch gegenüber:

»Mama, das lässt du jetzt nicht freiwillig mit dir machen, oder?«, hörte ich nicht nur einmal von ihr. Sie hat Angst vor dem Piken; nur im äußersten Notfall lässt sie sich stechen.
Zusätzlich wendet Dr. Hu zur Entgiftung die Quaddelmethode an; sehr effektiv, aber ästhetisch ein Desaster. Forschende Blicke im Rücken sind mir am Strand gewiss, denn die runden blutunterlaufenen Flecken auf dem Rücken sind handtellergroß und über die ganze Fläche verteilt zu sehen.

Stress kann ich aber auch anders abbauen. Zum einen reduziere ich das Arbeitspensum (da bastle ich stetig dran), zum anderen lasse ich mich in einem der vielen Beauty-Spas umsorgen.
In den Emiraten ist die Beschäftigung mit dem eigenen Körper seit Jahrzehnten ein wachsender Markt und aus dem Alltag nicht mehr wegzudenken. Hier gibt es Fünf-Sterne-Schönheitssalons wie nirgendwo sonst auf der Welt. Leisten kann sich das jeder, oder zumindest fast jeder. Täglich sprießen neue Läden aus dem Boden und ein Ende ist nicht in Sicht. Manche sind schnell gekommen und auch wieder gegangen, andere bestehen schon seit Jahren. Die Betreiber sind meist *Locals*, Jordanier oder Saudis. Für jeden Frauentyp ist etwas dabei. Die Menükarte zeigt Mani- und Pediküre, Waxing, Wimpernverlängerung, Frisurenneugestaltung, Massagen, Augenbrauenzupfen ... Ich buche regelmäßig *Mani* und *Pedi* und mir wird fast jeder Wunsch erfüllt. Das ist eine Sache des Geldbeutels.
Regelmäßig alle vierzehn Tage bis drei Wochen schnappe ich mir das Fahrrad und fahre in rund fünf Minuten zum Beautyshop um die Ecke. Die Verwöhnoase ist in einer großen Villa mit über zehn Zimmern angesiedelt und wird von einem Einheimischen betrieben. Ganze 16 Filialen hat er über die Emirate verteilt. Bei uns um die Ecke arbeiten mindestens 20 Frauen. Sie kommen von den Philippi-

nen, aus Indien und Nepal, die Friseurinnen meist aus Jordanien oder dem Libanon. Die Hierarchie ist streng geregelt und nach außen mit unterschiedlichen Arbeitskostümen dargestellt. Geführt werden die Unternehmen von Frauen, Männern ist der Zutritt strengstens verboten. Einmal, als ich gerade zur Fuß- und Nagelpflege dort war, gab es im Behandlungsraum eine große Überschwemmung. Das Wasser sprudelte aus einem kaputten Wasserhahn. Keine konnte den Haupthahn abdrehen, denn sie wussten nicht, wo sich dieser befand! Innerhalb von Minuten waren männliche Helfer zur Stelle, doch zuerst wurden die Frauen, die muslimischer Herkunft waren, in den Nebenraum gebracht und die westlichen, also auch ich, gefragt, ob es in Ordnung wäre, wenn ein Handwerker nach dem Rechten sehen würde. Hätte nur eine Frau etwas dagegen gehabt, wäre es nicht möglich gewesen und sie hätten sich etwas anderes einfallen lassen müssen, um den Wasserfluss zu stoppen.

In der Eingangshalle werde ich von zwei Angestellten begrüßt und nach meinen Wünschen und meiner Handynummer gefragt. Ich komme nur nach vorheriger Anmeldung hier her. Einladende Sessel im Wartebereich runden den Blick auf Unmengen von Nagellack in allen Schattierungen ab. Im Erdgeschoss befinden sich zwei Behandlungs- und Sanitärräume sowie ein Friseursalon. Im Obergeschoss sind kleine Kammern nach arabischer Architektur eingerichtet, entweder für Massage, Haarentfernungen jeglicher Art oder auch Anti-Aging-Behandlungen.

Manche Mitarbeiterin ist sehr geschäftstüchtig und kann erfolgreich das Augenbrauenzupfen oder die Anti-Aging-Behandlung verkaufen. Monatlich bekommen die Frauen umgerechnet 400 Euro bei einem 12-Stunden-Tag und einer Sechs- oder Sieben-Tage-Woche ausbezahlt. Gewerkschaften gibt es keine. Ihre Aufenthaltsgenehmigung ist nur über einen Arbeitgeber möglich und kann von diesem von Jahr zu Jahr verlängert werden – oder auch nicht. Sollte es vor Ablauf des Visums Probleme geben, ist das Land innerhalb von 24 Stunden zu verlassen. Eine minimale Krankenversicherung und ein Busabhol- und -bringservice sind bereits eingeschlossen.

Meist leben die Frauen zu sechst in einer Ein- bis Zweizimmerwohnung oder in einem als Wohnheim deklarierten Camp (Containerbauweise mit Klimaanlage) im Industrieviertel von Abu Dhabi. Die meisten sind verheiratet und haben Kinder, sogar Babys, die jetzt bei den Omas in ihrem Heimatland aufwachsen. Ihren Familien ist es nicht gestattet in die UAE nachzukommen, das geht nur mit einem entsprechenden nachweislich höheren Verdienst.

Zum Monatsende sind die Wechselstuben in den Malls überfüllt. Jetzt überweisen diese Frauen das ersehnte Geld an ihre Angehörigen in der Heimat. Armut und Krieg im eigenen Land treiben nicht nur Männer in die Emirate, sondern auch Frauen, die hier weit besser verdienen als im eigenen Land.

Die Behandlungsräume im Erdgeschoss sind mit je sechs großen bequemen Sesseln, an denen die Lehne verstellt werden kann, ausgestattet. Drei auf jeder Seite. Zu Füssen befindet sich ein Waschbecken mit warmem und kaltem Wasseranschluss. Rechts neben dem Behandlungsstuhl steht ein kleines Tischchen, auf dem sich die Desinfektionsmittel, Wattepads, verschiedene Flüssigkeiten zur Nagelbehandlung und Körperöle befinden.

Meist kommen die Kundinnen im Freizeitdress mit Badeschuhen oder Slippern. Die *Abaya* tragenden Frauen legen ihren Mantel ab und darunter kommt meist ein weites Kleid oder auch sportliche Kleidung hervor. Das *Djibab* (Kopftuch) wird auch abgelegt. Erst dann sieht man die schwarze Haarpracht, die nicht selten bis zum Po reicht. Emiratische Frauen tun viel für ihr Äußeres. Da wird massiert, pediküRT, maniküRT – und das jede Woche. Die Gesichtshaare zu entfernen ist genauso angesagt, wie die plastische Chirurgie mit Botox und Hyaluronsäure. Da wird modelliert und gebastelt und viele Frauen laufen mit neu gerichteten Nasen oder Lippenunterspritzungen herum. Oft sehe ich Gesichter, die bereits zu hässlichen Fratzen verzogen sind.

In den Ferien kann meine Tochter sich auch verwöhnen lassen und da ist sie ganz beginnender Teenie: auch sie liebt die Spas. Mein Mann zieht die Stirn kraus, wenn wir uns zum Verschönern aufmachen, denn sein Friseur, der übrigens auch massiert, knetet und ölt, kostet nur einen Bruchteil unserer Rechnung. Auch unsere Freunde aus Deutschland genießen bei einem Besuch diesen Service und eine Schönheitsanwendung ist selbstverständlich.

Heute habe ich *Mani, Pedi* und 30 Minuten Kopf- und Schultermassage. Entspannt sitze ich im Sessel. Leise arabische Musik klimpert im Hintergrund. In der Regel sind die Handys der Kundinnen ausgeschaltet und nur das leise Ritsch-ratsch der Feilen, das Hobeln der Fersenhornhaut, Wasserplätschern oder das Gemurmel der Mitarbeiterinnen sind zu vernehmen. Dezentes, indirektes Licht trägt zur Schläfrigkeit bei.

Drei Mitarbeiterinnen von den Philippinen kommen zu mir. Für jede gebuchte Behandlung ist eine andere zuständig und alles erfolgt zeitgleich. Hinter einem vorgehaltenen Handtuch befreie ich mich von meinem Oberteil und bekomme das Tuch um den Oberkörper geschlungen. Mit viel Öl werden meine Haut und Muskeln geknetet und ich schließe dabei die Augen. Relaxen ist angesagt. Die Lehne ist nach hinten geklappt und auch die Fuß- und Handpflege kann beginnen. Meine Füße werden gewaschen und geschrubbelt, dann die Nägel geschnitten, gefeilt und sanft massiert. Das Gleiche passiert mit meinen Händen. Diese Prozedur dauert ungefähr eineinhalb Stunden.

Manchmal kann ich bereits nach wenigen Minuten entspannen. Es plätschert der musikalische Wasserfall und meine Gedanken wandern in Richtung Meer. Oft kann ich das Rauschen hören, auch wenn ich nicht am Strand bin. Die Brandung ist nur gering, klares hellblaues Wasser schwappt hin und her und trägt meine Gedanken hinweg. Die Wellen umspülen meinen Körper und Gedanken an die Zukunft und die Vergangenheit verschwimmen. Endlich Ruhe in der Kommandozentrale. Ein Kommen und ein Gehen, ein Hin und Her, während ich das denke, falle ich tiefer in die Entspannung. Kopf und Beine werden schwer und schwerer. Nur noch von Weitem dringt die Musik an mein Ohr, der Körper erschlafft. Dann ein leises »Madam, Madam.«

Ich schlage die Augen auf und die Zeit ist um. Schade. Doch die Verlängerung der Anwendung ist eine Frage des Geldbeutels und nicht des sklavisch entspannten Körpers. Für kurze Zeit den Stress und negative Einflüsse hinter mir zu lassen ist herrlich. Die verbleibende Zeit widme ich dem Leben der viel beschäftigten VIPs, die von einer Veranstaltung zur nächsten jetten. Diese Leute sind zu bedauern. Welch stressiges Leben wird in der internationalen Klatschpresse aufgezeigt.

Ist jedoch mein Stresskontingent auf ein Maximum angestiegen, so gönne ich mir eine 60- bis 90-minütige Ganzkörpermassage. Das ist für mich nochmals Entspannung pur. Zeitgleich strömt neue Energie durch meinen Körper und positive Gedanken beflügeln mich. Die Riechzellen sind geöffnet und saugen die orientalischen Gerüche ein, die sanfte Berührung der Hände der Masseurin setzen über Rezeptoren in meinem Gehirn *Wohlfühlstoffe* frei – *Oxytocin* und *Prolaktin*. Rhythmisch und sanft werden meine Muskeln gelockert und gestreckt. Ach, endlich gedeiht mir etwas an. Eine Erholung für meinen Körper und meine Sinne. Die übertragenen Streicheleinheiten, die das Leben leichter leben lassen, vermisse ich am Arbeitsplatz.

Eine weitere Entspannung erfahre ich regelmäßig donnerstagabends auf *Saadiyat Island*. Dort treffe ich mich seit zwei Jahren mit einigen Kolleginnen zum gemütlichen Wochenausklang.

Das Hotel *Park Hyatt* ist unser Ziel. Auf dem Weg zur Strandbar kommen wir an plätscherndem Poolwasser vorbei, das seicht an die Mauer neben den Liegeflächen der Gäste schlägt, die Beleuchtung in den Palmen ist auf ein Minimum reduziert. Linkerhand sitzen Hotelgäste und genießen ihr Abendessen, welches sie allinklusiv gebucht haben. Ein Hauch von Lamm mit Rosmarin und Kohle zieht an unserer Nase vorbei. Wir gehen drei Stufen zur Bar hinunter und ein einmaliger Blick eröffnet sich uns. Die Sonne geht als roter Ball am Horizont unter und wir setzen uns auf bequeme Sessel mit Blick aufs Meer. Heute ist Niedrigwasser und nur ein leises Rauschen ist zu hören, das sich sanft mit Bluesklängen aus dem *Beachhouse* vermischt. Wir lieben die Gemütlichkeit hier draußen. Auf kleinen Tischen stehen gelbe, rote oder orange Lichter, die ihr weiches Licht in die beginnende Nacht werfen.

Das Management kennt uns bereits und wir sind gern gesehene Gäste. Hier fällt der anstrengende Alltag von uns ab. Hier können wir entspannen und kurzzeitig über ereignisreiche Tage sprechen. Zum Abschalten und Vergessen ist es wichtig, erstmal positive Gedanken zu entwickeln. Dann schwenken wir zu Themen über, die unser Leben im Großen und Ganzen darstellen. Träume und Wünsche, Vergangenes und Zukünftiges beschäftigen uns immer wieder aufs Neue. Eiskalt versüßen wir unseren Gaumen mit einem *Mocktail*, da jede von uns noch Auto fahren muss und in den Emiraten null Promille im Straßenverkehr gelten.

Hinter und neben uns ist das leise Gemurmel anderer Gäste zu vernehmen und vereinzelt brechen Pärchen zu einem kurzen Strandspaziergang auf. Längere Wege sind am Wasser nicht erlaubt, da unter anderem Schildkröten diesen Strand als Eiablagegebiet auserkoren haben. Kleine Hotelstrandvillen rechts und links der Bar schmiegen sich architektonisch und farblich in die weiße weiche Sandlandschaft, die mit Wüstengras durchsetzt ist. Welch Ruhe an diesem Ort. Wir lieben es hier zu sitzen und auch mal nichts zu reden, einfach die Gedanken schweifen zu lassen und in die Sterne zu schauen. Sanft streicht ein warmer Nachtwind um unsere Beine und wir sind glücklich. Ein Stück weit hat diese Umgebung uns geholfen, der strengen Monotonie einer Arbeitswoche zu entgehen.

Zusammenhalt ist alles

*Only by learning about his history
can a person begin to face
the challenges of modern life
while preparing for what lies ahead in the future.*
Sheikh Zayed Bin Sultan Al Nahyan,
founder of the UAE

Plötzlich röhrt es fürchterlich hinter mir. Ich erschrecke mich fast zu Tode. Als ich mich umblicke, steht an der Ampel ein großer Pick-up, ein Achtzylinder, getunte mit monströsen Auspuffrohren. Schwarze Scheiben verdunkeln den Blick nach innen. Auf den Türen kleben große Plakate, auf denen die sieben Herrscher der Emirate abgebildet sind. Fünf Jahre Aufenthalt und fünf Jahre Feierlichkeiten zum *National Day* haben wir erlebt. Ein ereignisreicher Tag, an dem die sieben Emirate zu einer Nation vereint wurden. *Our Father Zayed*, wie er hierzulande überall bekannt und beliebt ist, wurde 1918 als Sheikh Zayed Bin Sultan Al Nahyan geboren und starb 2004. Er wird *Vater der Nation* genannt und gilt als Gründer dieser Union. Gefeiert wird er heute noch, hochgepriesen und sein Bild hängt in allen öffentlichen Betrieben. Erziehung und Kultur waren seine Hauptanliegen; eine Bevölkerung zu erschaffen, die mit ihrem Reichtum verantwortungsvoll umgeht, weitsichtig in die Zukunft plant und ihre Wurzeln nicht verliert.

Wir streifen zu dieser Zeit gerne durch die Stadt, um die bunte Pracht der Nationalzierde zu bestaunen. Fahnen wehen im Wind und Autos sind mit Logos und Bildern der Herrscherfamilie oder der Nationalflagge beklebt. Hinzu kommen Tausende von leuchtenden Girlanden entlang der Straßen und an vielen Häusern hängen überdimensionale Flaggen aus den Fenstern oder von den Hochhäusern herab. Tage vor dem eigentlichen Datum übt die Düsenjetstaffel über der Stadt und der Flaniermeile *Corniche* ihren Auftritt. In den Zeitungen, dem Internet und auch im hiesigen Fernsehen wird die geschichtliche Entwicklung des Staates beschrieben und auch besungen. Menschen, die den Gründer noch persönlich erlebt haben, kommen zu Wort und berichten über ihre Begegnung mit ihm. Für uns scheint es, als ob alle Stadtbewohner im Fieber sind, Einheimische wie auch Ausländer. Massen von Menschen eilen an die Uferpromenade, um das große Abendspektakel zu bestaunen. Gegen drei Uhr startet der Autokorso von *Yas Island* und später ist in der Innenstadt kein Vorwärtskommen mehr. Alle Straßen sind verstopft. Am besten ist es, zu Fuß zu gehen. Das kann schon mal in einen Eiertanz ausarten. Durch die offenen Fensterscheiben der Autos besprühen Kinder die vorbeieilenden Passanten mit einer Paste, die nach dem Trocknen lange Fäden zieht und sich spinnennetzartig über Körper und Gegenstände zieht. Mittlerweile gibt es einen Verhaltenskatalog zum *National Day*, der Tage zuvor in der Tageszeitung veröffentlich wird. Verbote erlassen und Verbote einhalten sind hier jedoch zwei völlig verschiedene Dinge, zumindest was die Einheimischen betrifft.

Dann ist ein Grollen am Himmel zu vernehmen, das sich zu einem Orkan steigert und sieben Starfighter donnern über unsere Köpfe. In der untergehenden Sonne sind die Piloten im Cockpit gut sichtbar, so tief fliegen die tonnenschweren Geschosse über uns hinweg. Hinter sich ziehen sie eine bunte Bahn in Schwarz, Rot, Weiß und Grün – die Nationalfarben der UAE. Ein imposantes Schauspiel, das von der Menge freudig beklatscht wird. Ein oder zwei Stunts am Himmel sind hier keine Seltenheit.

An der kilometerlangen Promenade ist nur schwer durchzukommen. Tausende von Menschen aller Nationalitäten haben sich hier versammelt, um gemeinsam mit Freunden und Familie zu feiern. Sie packen ihr Essen auf Decken aus und geteilt wird mit allen, auch mit Passanten. Der Duft nach Barbecue und arabischen, indischen und europäischen Köstlichkeiten zieht an unseren Nasen vorbei und Kinderlärm, Lachen und Gespräche schallen an unser Ohr. Der Lärm der Jets wird nicht als störend empfunden, sondern gehört zur Zeremonie dazu.

Jährlich startet das Feuerwerk um 21 Uhr Ortszeit am *Creek* vor der *Corniche*. Hierbei werden keine Kosten gescheut. Fulminat, exorbitant und erstaunlich lang werden hier jedes Jahr bunte Sterne in die Luft geschossen. Die Menschen hängen wie Trauben an der Balustrade.

Den Weg nach Hause legen wir meist zu Fuß zurück – notgedrungen, denn kein Taxi ist zu bekommen. Die Straßen sind dicht und die Polizei versucht zu regeln, was zu regeln geht. Speziell die kleinen Erdenbürger haben ihren Platz auserkoren. Sie lehnen sich frech aus den Schiebedächern der großen Jeeps, schwenken ihre Fahnen im Wind und singen lautstark die Nationalhymne. Immer wieder werden wir mit »Hello, how are you. Welcome to the emirates, welcome to Abu Dhabi!« und »God bless you!« angerufen. Darauf folgt: »Where are you from?« Wenn wir dann »Germany!« zurückrufen, hören wir oft: »Good country, I have been to Munich.«

Im Fernsehen schauen wir die Militärparade an. Sie findet am hiesigen Ausstellungsgelände, *ADNEC* statt. In den Rängen sitzen die Herrscherfamilien und Repräsentanten des öffentlichen Lebens. Meist sind weitere Staatsgäste aus den GCC-Staaten oder europäische Gäste zu sehen. Endlos ziehen die Soldaten mit ihren Gewehren an den Tribünen vorbei. Mittlerweile gibt es auch eine Frauenbrigade. Gekleidet sind sie in braunen Farben. Männer wie Frauen tragen lange Hosen und Jacken sowie eine Kopfbedeckung. Und schließlich kommt ein Konvoi aus Armeejeeps und Panzern. Vis-à-vis liegen die Kriegsschiffe am Ufer, grau in der Farbe und imposant anzuschauen. Die UAE hat sich, laut Zeitungsberichten, mit den neuesten Errungenschaften und Entwicklungen auf dem Rüstungsmarkt eingedeckt. Nicht zuletzt werden hier auch deutsches Geschick und Know-how hoch geschätzt.

> *The present that we enjoy today on this blessed land*
> *is testament to our perseverance*
> *in overcoming the challenges of the past.*
> Sheikh Zayed Bin Sultan Al Nahyan,
> founder of the UAE

Auch unsere Schule beginnt jährlich dieses Ereignis mit einem Festakt. Geladene Gäste sind der deutsche Botschafter mit Gattin, oft die Schulleiter der Schulen aus Sharjah und Dubai, ein Mitglied der Scheichfamilie und die zuständige Beauftragte der Erziehungsbehörde, die auch ein Kind im Kindergarten hat. Darüber hinaus sind alle Eltern und Verwandten der Kinder und Kollegen eingeladen.

Der offizielle Festakt in der Turnhalle, die als Aula dient, umfasst ein reichhaltiges Programm: Festreden, Musikeinlagen und Vorführungen der emiratischen Kinder. Jedes Jahr gibt es ein Motto, das die Erziehungsbehörde vorgibt. Die Lehrerinnen der arabischen Sektion üben mit den Kindern dazu kleine Theaterstücke und Tänze ein. Diese werden unter lautem Klatschen, Hochrufen und arabischer Musik aufgeführt.

Zum Abschluss stehen alle Gäste, Kinder und Lehrer auf und hören im Stehen die Nationalhymne der UAE. Hier spüre ich den *Spirit of the Union* – die Kraft, die im Gesang steckt und eine Nation zusammenschweißt, die eine Gemeinschaft aufzeigt, die ich so in Deutschland nie kennengelernt oder gespürt habe. Die Einheimischen identifizieren sich mit ihrem Land und mit ihren Herrschern.

Ihnen geht es gut. Sie sind zufrieden und werden beschützt. Eine nach außen demonstrierte Macht via Kampfmaterial zeigt das umso deutlicher.

Im Anschluss an die Feierlichkeiten ist das Büfett eröffnet. Hier können wir typische Köstlichkeiten aus den UAE genießen und die Schul-Cafeteria erwacht zu neuem Leben. Eine lange Schlange hat sich schnell vor dem Büfett gebildet. Wer nicht warten möchte, kann an verschiedenen Aktivitäten teilnehmen. Jede Klasse ist hierbei beteiligt. Maltische, Dosenwerfen, Waffelstand, Brettspiele und vieles mehr laden Groß und Klein zum Verweilen ein. Die Aktionen sind umsonst und werden von den Kindern gerne und begeistert angenommen. Im Jahr 2014 hatten wir eine emiratische Künstlerin zu Besuch, die bereits Wochen vor der eigentlichen Feier mit verschiedenen Klassen zum Thema *National Day* und *Völkerverständigung* gearbeitet hat.

Der stilisierte *Maibaum* führte als Gemeinschaftsprojekt durch diese Feier. Der Innenhof der Schule und der Weg zur Cafeteria erstrahlen eigens dafür in neuem Glanz und die Schule erwacht zu einer andersartigen belebten Gemeinschaft, fernab vom täglichen Lernen.

Macht hoch die Tür, die Tor' macht weit

Meine Seele spürt, dass wir Tore tasten.
Und sie fragt dich im Rasten:
Hast du mich herbeigeführt?
Und du lächelst darauf so herrlich und heiter
und: bald wandern wir weiter:
Tore gehen auf ...

Rainer Maria Rilke

Wir fahren durch die Stadt und sehen all diese Pracht. Die Lichterketten, die vom kürzlich gefeierten *National Day* noch hängen, verbreiten einen warmen Glanz in dieser besinnlichen Zeit. Weihnachten ist da. Trotzdem geht es hier lautstark und geschäftig zu. Zu Hause bei uns kehrt Ruhe ein. Ein Fest der Liebe, wie es auch in den Emiraten zelebriert wird, im Gedenken an die Geburt Christi. Eine Zeit, die über die Landesgrenzen hinweg Tore öffnet und Menschen zusammenführt, um gedanklichen Austausch zu ermöglichen.

Ob nun das Christkind oder der Weihnachtsmann im Mittelpunkt steht ist von Region zu Region und von Land zu Land unterschiedlich, denn über die Jahrhunderte hinweg hat sich dieses Fest gewandelt: In den Emiraten ist es landesweit ein Fest der Sinne, nicht nur für uns Westler; auch die Einheimischen erfreuen sich daran. Familien finden zusammen und gemeinsam werden die Lebenden als auch die Toten geehrt. In den großen Malls kommen wir aus dem Staunen nicht mehr heraus, denn dem kommerziellen Ansinnen sind keine Grenzen gesetzt. Auch die Supermärkte, Hotels, Arztpraxen und Beautyshops sind mit außergewöhnlichen und zum Teil gewöhnungsbedürftigen Weihnachtsbäumen aus *Polyethylen* (PE) und *Polyvinylchlorid* (PVC) geschmückt. Jedes Jahr werden die zusammensteckbaren Bäume bereits in der ersten Dezemberwoche aufgestellt, reichhaltig geschmückt und von einer Art TÜV geprüft. Es kann zwischen klassischen grünen Modellen wie *Douglasie, Blautanne* und *Nordmanntanne* gewählt werden oder richtig grell, weiß oder bunt. Wer auf den Schnee nicht verzichten möchte, kann das gleich dazubestellen. Jetzt noch reich geschmückt mit Kugeln, Sternen und Lichterketten: fertig ist der Baum. In den Eingangshallen stehen mehrere Meter hohe Bäume und erfreuen Kinder und Erwachsene. Dazu gibt es leise weihnachtliche Klänge aus Amerika und die Geschenkattrappen machen sich farblich gut dazu.

Einmal gab es der Welt teuersten Weihnachtsbaum im *Emirates Palace Hotel* zu bestaunen. Der Dekadenz sind keine Grenzen gesetzt. Ganze 13 Meter hoch und mehrere Millionen Dollar war er schwer. Ein Juwelier hatte eine Schmuckdekoration zur Verfügung gestellt. Die Gäste aus dem In- und Ausland fotografierten was das Zeug hielt, obwohl die Überfrachtung mit Glanz und Glamour nicht nur positive Resonanz nach sich zog.

Für uns ist es das fünfte und letzte Weihnachten, das wir hier in Abu Dhabi bei rund 28 Grad feiern. Wir haben die deutsche Weihnachtstradition als festen Bestandteil mit gebracht. Die Plätzchen sind gebacken. Es gibt *Vanillegipfel, Ausstecherle, Zimtsterne* und *Kokosmakronen*. Um das Sortiment abzurunden, kaufen wir noch Lebkuchen und Dominosteine für sage und schreibe 20 Euro die Tüte auf dem Weihnachtsmarkt eines bekannten Hotels. Viel Geld für den kurzen Genuss auf der Zunge, doch das muss sein!

Unser Haus ist festlich dekoriert. Meine Tochter hat bereits Anfang Dezember mit dem Ausschmücken begonnen. Sie fing im dritten Stock an und bringt die letzten Kugeln und Girlanden kurz vor Heiligabend im Erdgeschoss an. Währenddessen haben mein Mann und ich die Frage des Baumes ausführlich diskutiert. Im Angebot sind Echtholzbäume aus Kanada, zu einem durchschnittlichen Preis von

100 Euro, oder Kunstbäume in Grün oder Weiß für knapp zwanzig Euro zu haben. »Ich möchte einen echten Baum, bitte Mama«, höre ich bereits seit Oktober von meiner Tochter. Für sie kommt nur ein echter Baum infrage. Sie will ein Weihnachten, welches sie zuvor sechs Jahre lang kennengelernt hatte. In vier von fünf Jahren war auch das in Abu Dhabi möglich. Die auferlegte Zwangspause lag daran, dass das Containerschiff aus Kanada nicht nur Bäume an Bord hatte, sondern auch ungebetene Gäste, sprich Schädlinge einschleppte. Kurzerhand unterstützten wir die Importe aus China. Meine Tochter war darüber tieftraurig und weinte. Bei solchen Gelegenheiten wurde für mich deutlich, wie stark sie an der heimischen Tradition festhielt und ihr Wohlbefinden davon abhängig machte. Ihr fehlten die Heimat, ihr Vater und ihre Verwandten. »Mama, dieses Jahr duftet es gar nicht nach einem Weihnachtsbaum und ohne echten Baum ist es kein richtiges Weihnachtsfest«, meint sie. Nach zähem Ringen ist sie zu einem Kompromiss bereit: Sie sucht den künstlichen Baum selbst aus. Die Kugeln und Sterne, zum Teil selbst gebastelt, sowie die bunte Lichterkette verwenden wir jedes Jahr aufs Neue. Und beim Schmücken hilft sie immer mit.

Doch Kunsttannen haben auch ihre Vorteile, wenn man von der CO_2-Bilanz einmal absieht: sie nadeln nicht, bleiben schön wie am ersten Tag, stehen bis zum Tag X und die Zweige sind beliebig biegbar. Diese Bäume halten mehrere Jahre, sind platzsparend beim Verpacken und ungezieferfrei.

Bei aller Ironie geht es hier um das Wohlbefinden eines Kindes und den Wunsch ein Fest zu feiern, wie sie es aus der Heimat kennt. In unserer Nachbarschaft bei Spaniern, Iren, Engländern und Franzosen sind die Fenster und Hausfassaden außerordentlich weihnachtlich geschmückt; bunte Kugeln, Girlanden, Sterne und Weihnachtsmänner hangeln sich an den Mauern hoch und runter. Am 25. veranstalten die Kirchenmitglieder ein Weihnachtskrippenspiel in der ökumenischen Kirche und die Restaurants locken mit *Christmaslunch* oder *-brunch*. Dazu gibt es traditionell Gans – mit oder ohne Füllung.

»War heute schon der Postbote da?«, wurde ich zu dieser Zeit oft von meinem Mann und meiner Tochter gefragt. Unser Hausmeister in der Schule hatte alle Hände voll zu tun. Er kam mit Briefen und Päckchen von der zentralen Poststelle zurück, auch für uns. Mein Kind war selig. Im Gegenzug besorgten wir Geschenke im Souk und gaben sie Freunden, die nach Deutschland in die Ferien flogen mit. Meist waren es Datteln, Bilder, arabische Fliesen, emiratische Schlüsselanhänger sowie Seidentücher und Gewürze. Am 24. lagen die Gaben unter dem jeweiligen Tannenbaum, trotz der Distanz von 6000 Kilometern bereit.

Nach dem Abendessen singen und musizieren wir gemeinsam und dann geht es reihum ans Auspacken und Bestaunen. Einmal verbrachten wir den Abend auch am Strand und grillten. Die Bescherung fand erst später zu Hause statt. Ein anderes Mal luden wir Freunde zu uns ein und feierten gemeinsam bei einem guten Essen und milden Temperaturen.

Aber nicht nur innerhalb der Familie wird geschenkt, unsere Gaben ziehen länderübergreifende Kreise: an Inder, Bangladeschi, Pakistani und Nepalesen haben wir gedacht. Der *Staff* der Schule, die *Security* und die *Hausmeister,* egal welcher Nationalität und Religionszugehörigkeit, bekamen von uns ein kleines Präsent, auch die Putzkolonne bekam meistens etwas Süßes und das nicht nur zu Weihnachten. So war und bin ich es von zu Hause bis heute gewohnt. Auch die uns zugelaufene Katze, die ihren Stammplatz im Innenhof des Hauses erobert hat, bekommt ein extra gekauftes Katzenfischgericht – oh wie lecker!

Bereits in den ersten Tagen des neuen Jahres sägen wir den Baum klein, den echten natürlich, und verstauen die Äste in schwarzen

Müllsäcken. Dann kommen diese in die Abfallnische neben dem Eingangstor und die *Maintenance* geht ihrer täglichen Leeraktion nach. Manch Arbeiter sammelt die Äste ein, lagert diese und verbrennt sie später am offenen Feuer.

»Wollen wir nach Dubai fahren und das weltgrößte Feuerwerk bestaunen?«, fragte mich mein Mann in unserem ersten Jahr. Auf dem Weg nach *Musandam* legten wir eine vierundzwanzigstündige Pause ein und machten den *Burj Khalifa* unsicher – oder wollten das zumindest. An einem kleinen Hotel weit außerhalb des Zentrums stellten wir unseren Wagen ab und fuhren mit der Metro in das Gewühl. So etwas hatte ich noch nicht gesehen: Tausende von Menschen vor, hinter und neben uns. Als es losging um Mitternacht, war die Meute am Toben. Fulminant und exorbitant wurde uns über 20 Minuten eine Show geboten, mit Gratisstehplätzen. Mittlerweile kosten die Tische in den ersten Reihen mehrere 100 bis 1000 Euro. Sogar kürzlich las ich in der Zeitung, dass ein Restaurant, das Burger verkauft, Plätze für 1200 Dirham anbietet, inklusiv Pommes und einem Milchshake. Die Plätze an Dubais *Skeikh-Mohammed-bin-Rashid-Boulevard* sind begehrt und über Monate im Voraus ausgebucht. Jeder möchte das ultimative Spektakel am höchsten Turm der Welt miterleben. Anstrengend wird es im Anschluss, wenn jeder nach Hause möchte. Es ist kein Durchkommen mehr möglich. Jegliche U-Bahnhöfe sind geschlossen und es geht nur noch zu Fuß weiter. »Das mach ich nicht mehr«, japste ich nach dieser Nacht, in der ich mehr als fünf Kilometer zu Fuß unterwegs war, um endlich gegen fünf Uhr ins Bett zu fallen.

Im Jahr darauf vernahm ich von meiner Tochter: »Mama, das knallt so schön und schau die bunten Sterne, die vom Himmel rieseln.« Ja, das war nur auf *Saadiyat Island* am Strand zu sehen. Eine wundervolle Mitternacht auf Sand mit rauschenden Wellen und Blick auf die vielfältige Farbenpracht der Feuerwerke ringsherum. Für kurze

Zeit war die Musik an der Bar ausgestellt und wir legten die Köpfe in den Nacken und staunten. Eine über fünfzehnminütige Darstellung aus Magnesium, Eisen, Schwarzpulver und Titankrümeln bezauberte uns. Das ultimative Farbspektrum holte die vielen Ahs und Ohs wieder bei uns hervor. Wir liefen zum Meer und hielten unsere Füße hinein. »Iiihh, ist das kalt!« Am 1. Januar hatte das Wasser nur noch 18 Grad und der Wind wehte aus Nord-Ost. Ich hatte bereits meinen blauen Wollmantel an und den grünen Schal dick um den Hals geschlungen.

… und geblieben ist …

Wo bist du nur, du Wollknäuel? Vor fünf Jahren hatte ich dich im Schrank verstaut. Manches Mal dachte ich an dich. Du hast einmal, zweimal und bereits nach einem Jahr mehrmals geklopft, was sich in den folgenden Jahren zu einem Dauerton, wie in meinem Ohr, steigerte. Ich befreite dich. *Lachesis*, als Repräsentantin der Zeit, spann währenddessen fleißig am Lebensfaden weiter. Die Noppe ist jetzt dick und träge geworden und verlangt nach Bewegung. So wie sie es all die Jahrzehnte getan hatte.

Erst vor ein paar Tagen fragte ich meine Tochter und meinen Mann: »Was hat euch hier im Mittleren Osten, an Abu Dhabi und unserem Leben gefallen und was wünscht ihr euch für die Zukunft?«

Meine Tochter antwortete, dass »… es schön ist, wenn es im Winter nicht kalt wird, dass wir oft zum Brunchen in eines der vielen Fünf-Sterne-Hotels gehen, dass es so viele schnelle Autos gibt, dass wir in einer Viertelstunde zum Strand fahren können, dass wir so ein großes Haus haben, meine Katze Emma, die Vergnügungsparks, Skilaufen im Sommer, vor allem Zelten im Oman, das finde ich superklasse, die Wasserwelt auf *Yas Island*, dass meine Klassenkameraden Yannik und Sarah zu mir halten, dass ich mit dir auf den Malediven und in Singapur war und wir so einen richtigen Mama-Tochter-Urlaub gemacht haben . Was ich mir wünsche? Hm, da gibt es vieles. Weißt du, ich möchte, dass die Kinder in meiner Klasse mich akzeptieren, so wie ich bin. Dass ich nicht mehr traurig bin, wenn keiner mit mir spielen mag …« Bei diesen Worten werden meine Augen feucht, und das aus dem Mund einer jetzt Zwölfjährigen – alle Achtung. »Ich freue mich auf meinen Papa und auf Omi und Opi ganz besonders – und dass wir einen Hund bekommen. Und kannst du weniger am Schreibtisch sitzen und mehr mit mir unternehmen? Und ich wünsche mir einen Kletterkurs in den öster-

reichischen Alpen. Ich liebe die Natur, du weißt ja, ich bin sehr gerne draußen, auch bei Regen und Schnee.« Da bin ich gespannt, wenn wir den ersten Herbst und Winter in Deutschland wieder mit Niesel, Nebel und matschigem Schnee verbringen werden.
Mein Mann antwortete: »Du weißt ja, ich bin kein Mann von großen Worten.«
»Jetzt komm schon, nur ein paar Gedanken!«
»Hm«, fing er an, »das Meer und die Wüste, vor allem die schnellen Autos, die Arbeit mit den Kindern in der Betreuung, die vielen exotischen Gemüse- und Obstsorten, die halb nonverbale Unterhaltung mit Arbeitern in *Mussafah* und die Tour durch den Oman mit Zelt und Vierradantrieb, nur für echte Männer…«
»Denkst du«, sagte ich.
»Lass mich nachdenken«, waren seine Eingangsworte. »Was wünsche ich mir? Mal nicht in der Tretmühle eines Acht-Stunden-Tages stecken und Koch, Wäscher und Bügelmeister für euch spielen, neue Menschen und ihre Kulturen kennenlernen… auf jeden Fall, dass du Zeit mit mir verbringst und dich mehr um deine kleine Familie kümmerst. Dass wir auch etwas alleine unternehmen und noch viele Länder bereisen werden. Du weißt ja, ich bin mit wenig zufrieden und brauche nicht viel zum Leben.«
Ja, das stimmt. Seit ich meinen Mann kenne, und das sind jetzt geschlagene 16 Jahre, lebt er bescheiden und genügsam.
»Gerne wäre ich noch länger in Abu Dhabi geblieben…«

Ich spüre eine starke Ambivalenz. Zum einen liebe ich die lauen Winternächte und die ewige Sonne, verbunden mit der Möglichkeit in kurzer Zeit am Strand zu sein und im Meer zu baden. Die wöchentlichen *Saadiyat-Island*-Treffen an der *Beachbar* – wie aus dem Bilderbuch, mit lieben Kolleginnen. Und das pulsierende Leben downtown – hier ist noch arabisches Flair zu spüren; hier treffen

Orient und Okzident in neumodischer Aufmachung aufeinander. Männer stehen in Gruppen zusammen und reden oder schauen den Passanten nach. Sie sitzen auf Grünflächen bei einem Kaffee oder liegen und schlafen im Schatten der Bäume. Die zahllosen Cafés, die mondänen Hotelanlagen und die abgedrehten Bars in schwindelnd hohen Regionen laden zum Verweilen ein und lassen mich am Reichtum und Kult teilhaben. Die unterschiedlichsten Autos sind eine Augenweide, die überdimensionalen Bauwerke des 21. Jahrhunderts sowieso. Speziell das Nachbarland Oman ist für mich ein wirkliches *Highlight*: einfach, trocken, kantig; dank seiner bezaubernden Naturvielfalt bescherte es mir unvergessliche Begegnungen mit allem Lebendigen und mit einer bodenständigen Einfachheit, die durch ein Lagerfeuer und ohne warme Dusche begeisterte. Dass meine Eltern uns überraschenderweise zweimal besucht hatten, erstaunte mich sehr. Normalerweise hingen wir nie so eng zusammen, wie hier in der Ferne, doch das ist ein anderes Thema. Auch schnell mal an die *Dreißigste* zu gehen liebe ich, dort ist immer etwas los. Eine dreispurige Einfallstraße, auf der sich tagein tagaus die Blechkarawanen Richtung *Corniche* bewegen. Dort entsteht zu später Nachtzeit ein eigentümliches Bild einer Einkaufskultur: Männer sitzen am Bordstein und palavern, emiratische Frauen sieht man selten; eher die *Maids* aus der Nachbarschaft, die ihre emiratischen Zöglinge hinter sich herziehen und wild gestikulierend auf diese einreden. Der Schneider und Bügler hat auch noch Kundschaft und beide sind entsprechend beschäftigt, denn nach langer Mittagspause geht es dort am Abend lebhaft zu. Immer wieder wird gehupt, lautstark Gas gegeben und mit den Reifen gequietscht, dazu lautes Debattieren in arabischer Sprache – eben der ganz normale Wahnsinn in dieser Millionenmetropole in der Hähne, Hennen und Reiher entlang der Einfallstraßen und Seitenwege auf Würmerjagd gehen und sogar Lämmer und Esel freitagmorgens in aller Herrgottsfrühe dem Muezzin Konkurrenz machen. Oft riecht es nach Kameldung, wenn dieser durch die *low budget people* auf den öffentlichen Parkanlagen und Beete ausgebracht wird. Auch in der Nähe unseres Hauses hört man Pferde wiehern, Kamele röhren und Ziegen blöken, die in Ställen neben großen Villen gehalten werden. Erst um Mitternacht schließen sich die Einkaufstore und dann wird es langsam ruhig in der Seitenstraße. Wenn ich nachts das Bedürfnis hatte downtown zu gehen, so machte ich das – durch die 24 Stunden 365 Tage Rundumüberwachung sind solche Alleingänge möglich. Auch als *Westlerin* war ich oft bei Fahrten mit dem öffentlichen Bus alleine; vorne sitzen die Frauen und hinten die Männer. Eine für mich wohltuend Trennung. Es gibt kein Gerangel, jeder Fahrgast weiß sich zu benehmen, Übergriffe gibt es praktisch nicht und als einzige hellhäutige Mitfahrerin erntete ich nur erstaunte Blicke: normalerweise lässt Frau fahren oder ist selbst die Frau am Steuer. Das ist nun auch beim Tanken möglich: Jahrzehntelang fuhren die großen Jeeps und Kleinwagen genauso wie die teuren Flitzer zur Zapfsäule und ein Tankwart erledigte alles Weitere. Jetzt gibt es ein Pilotprojekt: das Selbsttanken an vier Tankstellen, auch mit Gas. Speziell bei arabischen Frauen mit ihren langen Gewändern stößt es nicht immer auf Verständnis. »Was tun wir im Sommer bei über fünfzig Grad?«, hörte ich immer wieder. »Vielleicht am Abend oder nachts tanken, wenn die Temperaturen die vierzig Grad Marke erreicht haben?«, kam dann von anderer Seite zurück. Der Staat versucht auf diesem Wege, schon Jahre beziehungsweise Jahrzehnte früher für die Nach-Öl-Ära zu sorgen, wenn die Arbeitskräfte reduziert werden.

Unvergessen bleibt die Aktion der Erziehungsbehörde, mit kurzfristiger Mitteilung um sechs Uhr morgens über E-Mail und SMS an alle Schüler und Lehrer bezüglich einer Unwetterwarnung: Hagel, Platzregen und Orkanböen hatten sich angekündigt, die zwei Tage schulfrei nach sich zogen.

Ich habe Einblick in das deutsche Schulsystem im Ausland und die alltägliche Umsetzung gehabt. Habe gesehen, wie Muttersprachler und nichtmuttersprachliche Kinder damit umgehen und vermehrt Sprösslinge aus emiratischen Ehen oder Mischehen eine deutsche Erziehung suchen, gerade vor dem Hintergrund der internationalen Zusammenarbeit – immer mit dem Ziel, das deutsche *Internationale Abitur* zu absolvieren. Das sind Kinder, die zwischen den Welten stehen, die traditionelle arabische Wurzeln mit einem strenggläubigen Hintergrund mitbringen und auf humanistische Weltanschauung des Abendlandes treffen, die mit neuen Prinzipien der Toleranz, Gewalt- und Gewissensfreiheit im menschlichen Zusammenleben konfrontiert werden. Sie haben die Möglichkeit zu entscheiden, ob sie durch den Dschungel von westlichem und orientalischem Ansinnen und Gebaren ihren Weg finden und deutsche Kultur und das technische Know-how gewinnbringend für ihr Land einsetzen können, so wie es *Father Zayed* Jahrzehnte zuvor verkündet hat. So war es fünf Jahre lang. Neues wurde propagiert, weiterverfolgt oder wieder eingestellt. Zentral gesteuert und vorgegeben.

Auf der anderen Seite ist da die erdrückende Last des Reichtums und Luxus, der einen klaren Blick verschleiert und Bequemlichkeit in den Vordergrund stellt, die den irdischen Konsum steigert und künstliche Projekte wie die *Regenmacher* fördert. Wo ist der Geist, das Freidenkertum der Beduinen von *Father Zayed*, der in so vielen Artikeln und Büchern gepriesen wird? Er rinnt unablässig durch die Finger, wie der weiche, hellbraune Dünensand, oder ist verpackt und poliert, mit abweichender Akzentuierung. Am *National Day*, wenn die Nation zusammenrückt und Einigkeit demonstriert, erahne ich den Esprit, die Verbindung, die jenseits vom Monetären liegt. Ich spüre ein stolzes und glückliches Volk, das zusammenhält, was von Allahs Hand geschaffen wurde, bei aller Zwietracht in der Region und in der Welt. Ein Volk, das noch vor 60 Jahren durch die

Wüstenlandschaft zog und mit seinem Nationaltier, dem Falken, auf Jagd für die tägliche Nahrung ging, das gewohnt war unter freiem Himmel zu schlafen oder die Zelte in der von Sand geprägten Landschaft aufzuschlagen, das sich an Spuren im Sand und den Gestirnen orientierte und seine Geschichte durch mündliche Überlieferungen in unzähligen arabischen Dialekten an die nächste Generation weitergab. Wo sind die Menschen dieses Landes, die über die Grenzen hinaus ein Miteinander planen und doch der Natur nur *Reisbrettliga* zollen? Die in Kreisläufen denken und nicht in Sackgassen? Nicht die Jeep fahrenden Männer, die mit ihren getunten Maschinen den Sand erobern, sondern die nach ihrem Instinkt handelnden Führer, die Moderne und überliefertes Wissen zu weiterem Leben kreieren? Die nachhaltig mit ihrem Erbe umgehen, einen Umweltschutz fördern, der CO_2-neutral ist und auf Recycling setzt. Die Plastik in den Hintergrund stellen und ein Erziehungssystem schaffen, das an der Basis pädagogisch vermittelnd den Umgang mit der natürlichen und der gemachten, erbauten Umwelt fördert. Die einen sanften Tourismus propagieren und deren Kinder lernen, selbst nach Lösungen zu suchen. Die es nicht regnen lassen, sondern Regen und Sturm als Wetter akzeptieren.

In meinem beruflichen Kontext wünsche ich mir Kontinuität mit klar definierten Aufgaben und Zielsetzungen. Ich möchte in einem Umfeld arbeiten, in dem ich meine Fähigkeiten ausleben kann und wo die Möglichkeit besteht, neue zu entdecken, in dem ich Wertschätzung erfahre, meine Bedürfnisse befriedigt werden und konstruktive Kritik zum Alltag gehört, in dem Leben gelebt wird, zwischenmenschliche Belange zu einem konstruktiven Diskurs getragen werden und in dem ich Bitten und Empathie integrieren kann.

Im privaten Kontext möchte ich meinen Gedanken Ausdruck verleihen und noch weitere Beiträge schreiben, meiner Tochter auf ihrem Weg eine zugewandte, offene und aufmerksame Mutter und

Begleiterin sein und mit meinem Mann einen regen Austausch über das Leben, die Liebe und weitere Abenteuer führen.

Nach fünf Jahren lenkt der Wollfaden, durch ständigen Wechsel von Personen, institutionellen Vorgaben und landestypischen Anweisungen unseren Weg nach Deutschland zurück. Innerhalb dieser Zeit habe ich zwei Schulleiter, drei Oberstufenleiter und drei stellvertretende Schulleiter begrüßt und verabschiedet und viele Kollegen kommen und gehen sehen. Abu Dhabi oder *Vater der Gazelle* blickt mit einem wachsamen Auge auf uns und hat uns in seine Obhut genommen. Hier, im Mittleren Osten, habe ich viel über menschliche Zusammenhänge und über mein Handeln gelernt. Hier war ich *frustriert, entsetzt* und *verzweifelt* und habe die *Balance zu glücklich, mutig, motiviert und* optimistisch gefunden. Ich habe Gefühle, Bedürfnisse und Bitten formuliert und integriert und das wird mein Leben weiterhin bestimmen. إنشــاءالل – ديد *Inschallah.*

Glossar

ADLK	Auslandsdienstlehrkraft, nur für verbeamtete Lehrer
ADNEC	Abu Dhabi National Exibition Centre
Chebab	Brot, wird häufig zum Frühstück mit Ei gegessen
Compound	ummauerte Wohneinheit mit Gate, Security und Maintenance
Datteln	es gibt über 30 Millionen Dattelpalmen in den Vereinigten Arabischen Emiraten
Emiratis, Local	einheimische Bevölkerung
Exparts	Ausländer (eher westlicher Natur)
Falafel	frittierte oder gegrillte Bällchen aus Kichererbsen mit Kräutern
Fatousch	Brotsalat mit Tomaten, Gurken und grüner Salat mit geröstetem Brot
Humus	Kichererbsen- und Sesampüree
Groceries	kleine Läden, die fast alles Erdenkliche anbieten
Low Budget People	meist Gast-/Wanderarbeiter aus Indien, Bangladesch, Nepal, Sri Lanka
Luqaimat	frittierte Teigbällchen mit Sirup
Makbous	würziges Lammfleisch mit Reis
Musaffah	Industriezone in Abu Dhabi
OLK	Ortslehrkraft: bezahlt nach landesüblichen Tarifen
Omanis	Bevölkerung im Oman
Shawama	am Spieß gegrilltes Fleisch in Pita-Brot mit Knoblauchsoße

Taboulé	Bulgurweizen mit Petersilie und Minze
Umm Ali	Dessert: Brot, Pistazien, Kokosnussflocken, Rosinen, Milch und Zucker
Warak Enab	mit Reis gefüllte Weinblätter
ZfA	Zentralstelle für Auslandsschulwesen

O helmsman, slacken the tiller rope
and let me look again upon the homeland,
before it disappears from the horizon.
May God nourish His island
with life giving rains
for all time and every season.

Sheikh Saeed Bin Tahnoon Al Nahyan